WGIPと「歴史戦」

ウォー・ギルト・インフォメーション・プログラム

「日本人の道徳」を取り戻す

高橋史朗

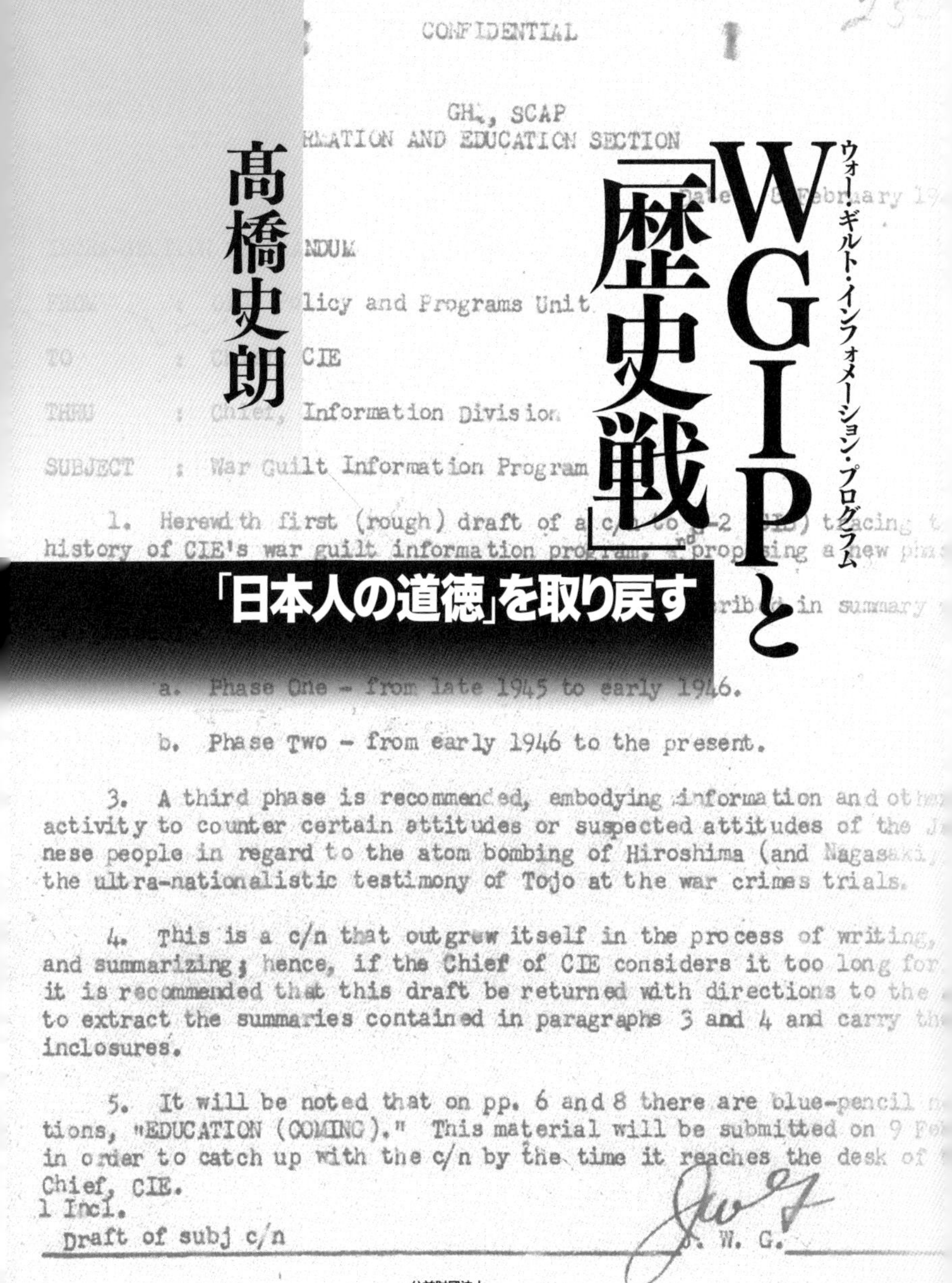
CONFIDENTIAL

GHQ, SCAP
...RMATION AND EDUCATION SECTION

Date ... February 19...

...NDUM

... : ...licy and Programs Unit
TO : ... CIE
THRU : Chief, Information Division
SUBJECT : War Guilt Information Program

1. Herewith first (rough) draft of a c/n to G-2 (...) tracing t... history of CIE's war guilt information program, proposing a new pha...

...ribed in summary ...

a. Phase One - from late 1945 to early 1946.

b. Phase Two - from early 1946 to the present.

3. A third phase is recommended, embodying information and oth... activity to counter certain attitudes or suspected attitudes of the J... nese people in regard to the atom bombing of Hiroshima (and Nagasaki), the ultra-nationalistic testimony of Tojo at the war crimes trials.

4. This is a c/n that outgrew itself in the process of writing, and summarizing; hence, if the Chief of CIE considers it too long for... it is recommended that this draft be returned with directions to the ... to extract the summaries contained in paragraphs 3 and 4 and carry the inclosures.

5. It will be noted that on pp. 6 and 8 there are blue-pencil n... tions, "EDUCATION (COMING)." This material will be submitted on 9 Feb... in order to catch up with the c/n by the time it reaches the desk of ... Chief, CIE.

1 Incl.
Draft of subj c/n

J. W. G.

公益財団法人
モラロジー研究所

はじめに

本書は平成二十五年四月から三年間、月刊誌『ＭＯＫＵ』に連載した拙稿「もう一つの『菊と刀』」をテーマ別に整理修正し、加筆したものである。

筆者は昭和五十五年から三年間アメリカに留学し、占領下の検閲文書が保管されているメリーランド州立大学大学院で学びながら、米国立公文書館所蔵の連合国軍総司令部（ＧＨＱ）の民間情報教育局（ＣＩＥ）文書の研究に没頭した。

翌年一月に車でアメリカ大陸を横断して、トレイナーＣＩＥ教育課長補佐の個人文書が保管されているスタンフォード大学フーバー研究所に移り、トレイナー文書とＣＩＥ文書のすべてをマイクロフィルムとマイクロフィッシュの形で購入して明星大学に持ち帰った。同大学では戦後教育史研究センターを設立（初代センター長は児玉三夫学長）し、紀要『戦後教育史研究』に研究成果を発表してきた。

昭和五十九年に発足した臨時教育審議会（中曽根政権下の政府の教育審議会）の最年少の専門委員に就任し、約三年間、総理府で毎週三時間開催された教育改革論議に参加した。委員の中でも教育学者は私一人であったため、いじめ問題等の当面の教育課題に対する見識を問われることが多くなり、時代の要請に応えるために「臨床教育学」の研究を余儀なくされ、後に『臨床教育学と感性教育』を出版した玉川大学の大学院でも「臨床教育学」を教えるようになった。その後、松下政経塾の講師や入塾審査員をしたことが契機となり、「師範塾」を東京、埼玉、大阪、福岡に設立し、さらに学級崩壊を機に「親学推進協会」を立ち上げ、教師と親の人間教育に取り組んできた。

歴史研究者から教育実践・研究者に転身したわが人生に大きな転機をもたらしたのは、平成二十四年四月に「親学推進議員連盟」が設立された直後に、「親の愛情不足が原因で発達障害になる」というトンデモ学説を「親学」が説いているという誤報・誤解が一気に広がり、後退を余儀なくされたことにあった。

「ピンチはチャンス」と考え、占領史研究の原点に帰れという天の声と受けとめ、同年十二月から在外占領文書の調査研究の再スタートを切った次第である。『MOKU』の連載は、この新たな調査研究の生々しい成果を報告したものである。

研究のメインテーマは「ウォー・ギルト・インフォメーション・プログラム（WGIP）」で、二十年以上前に拙著『検証・戦後教育』で詳述したが、当時の文書公開の制約から、これを裏づける原史料はCIE文書の中の三十九頁分に限定されており、米政府の対日心理戦略との連続性の中でとらえることができなかった点に限界があった。

ＷＧＩＰをリードしたブラッドフォード・スミスやボナー・フェラーズの関連文書や、彼らが所属していた戦時情報局（ＯＷＩ）や戦略課報局《ちょうほう》（ＯＳＳ）の文書、ＯＷＩの外国戦意分析課の主任として対日心理戦略の基礎理論を構築したジェフリー・ゴーラーと、彼がその後任者にしたルース・ベネディクトの文書が、英サセックス大学、米ヴァッサー大学で次々に公開され、ＷＧＩＰの源流や策定過程の実証的研究が可能となった。

また、英国立公文書館所蔵の機密文書や英米の情報機関がソ連の暗号を解読したヴェノナ文書等の公開によって、ソ連の工作員・協力者が明らかになり、中国における日本兵捕虜洗脳教育がＷＧＩＰの実践モデルとなったことが判明した。

さらに、こうした在外文書の調査研究と並行して、ユネスコ「世界の記憶」南京大虐殺文書の登録を決定したアブダビでの国際諮問委員会へのオブザーバーとしての参加や、米加の各地に設置された慰安婦像のすべての現地調査を行ってきた。本書では、サンフランシスコ、ロサンゼルス、ニューヨーク、アトランタの領事館主催のタイムテーブルで現地のアメリカ人に慰安婦問題や邦人子女いじめ問題について話をする機会を得たことなど、国際的「歴史戦」の貴重な経験を踏まえた論稿も加えさせていただいた。

戦前と戦後の教育を二項対立的にとらえ、教育勅語や修身教科書を「軍国主義」と同一視して、一方的に断罪する風潮がいまだに続いている。戦後七十年を経ても政治家の教育勅語発言自体がマスコミから袋叩きに遭う、異常な「閉ざされた言語空間」の中に私たちは置かれている。

戦前の言論統制に似た状況に今も私たちが置かれているのは一体何故なのか。教科書問題、靖国参拝問題、慰安婦問題、朝鮮人戦時労働者（「徴用工」）問題はすべて「反日日本人」が火をつけた「日本発」の「歴史戦」である。こうした歴史認識問題の根底に、「日本人の伝統的な国民道徳＝軍国主義」と洗脳したＷＧＩＰがあった事実を、史実に即して正確に認識する必要がある。

この洗脳計画の思想的・実践的源流を解明し、米軍の対日心理作戦の延長線上で作成されたＷＧＩＰの策定経緯と実態を明らかにすることによって、今もなお私たちを拘束し続けている洗脳から脱却し、日本人の道徳を取り戻したい。

紙面の都合により、連載原稿を大幅に削除せざるをえなかったが、発見した史料の報告を羅列するだけでは、研究現場の生々しい臨場感が伝わらないので、思い出などを日記風に綴《つづ》った原稿も紙面の許す限り残すことにした。最後に、本書の出版にあたって格別のご尽力をいただいたモラロジー研究所出版部の安江悦子氏に謝意を表したい。

平成三十年十一月二十日

髙橋史朗

目次

第二章　ウォー・ギルト・インフォメーション・プログラムの策定経緯

第三章　ベネディクトとミアーズの比較考察

装丁——レフ・デザイン工房　神田程史

＊カバー写真＝米国立公文書館所蔵のＧＨＱ民間情報教育局（ＣＩＥ）文書に含まれているＷＧＩＰ関連の原史料で、一九四八年二月八日の War Guilt Information Program を主題としたメモ。

序章　在外文書調査研究の旅へ

初心の場所へ

二〇一二年十二月、凍りつくような寒さの中、ニューヨークの空港からヴァッサー大学へと車を走らせた。三十年ぶりの在米文書研究に胸は躍っていた。ヴァッサー大学はハドソン川のほとり、ニューヨーク市の七十五マイル北に位置する名門大学で、美しいキャンパスが印象的であった。

まずホテルにチェックインし、直ちに図書館へと向かった。特別コレクション図書館の地下一階に所蔵されている『菊と刀』の著者、ルース・ベネディクトの文書を研究するためである。二時間ほど待たされた後に研究者登録の手続きをし、注文した二つのフォルダーを図書館員が手渡してくれた。

研究者一人に一フォルダーを手渡すという規則だが、幸い妻も研究者として登録することができ、二倍の速度で史料を読むことができた。英文科出身で卒業論文を英語で書き、専門学校やYMCAで英語を教えた経験もある妻は力強い〝助っ人〟であった。

一九八〇年、私はアメリカに保存されているGHQ（連合国軍総司令部）の文書を研究することによって、日本の戦後史（教育）を見直すという志を立て、三年間渡米した。

アメリカの陸軍・海軍の文書が二十五年、三十年後に公開されると当時の日本の全国紙が一斉に一面トップ記事で大きく報道したことが契機となり、この文書を研究調査することにより、戦後教育によって日本人が失ったもの、得たものは何かを解明したいと思ったからである。

その文書はワシントンＤＣの郊外にある国立公文書館の別館に保存されていた。ＧＨＱ文書は一万二百八十三箱に及ぶ膨大な量で、これは一生かかっても無理だと茫然《ぼうぜん》自失した研究初日の衝撃を、一生忘れることができない。

しかし、占領下の日本で教育や宗教分野の改革を担当したＣＩＥ（民間情報教育局）の史料はそのうちの九百十七箱で、約二百四十万頁であることが分かり、これなら一生かければ研究できると希望が湧《わ》いてきた。ところが、もう一つ大きな壁があることが分かった。それは、年間百枚しかコピーが許可されないという規則であった。

ＧＨＱ文書は整理されないまま、担当官の名前を付したファイルが雑然と並んでいる状態であったため、片っ端から読み、大事だと思う史料を手書きのメモに残すという気の遠くなるような作業を続けたが、私が発見したい史料はなかなか見つからなかった。その間に私が筆写したメモは段ボール十箱を超える膨大なもので、帰国後、学生に見せたら、「これは先生にしかできませんね」とびっくり仰天していた。

腹を決めた最後の半年間に次々と重要な史料を発見したが、それまでは悶々《もんもん》とした日々が続いた。メリーランド州立大学マッケルディン図書館のプランゲ・コレクション（占領軍の検閲史料）について江藤淳氏に知らせると、江藤氏はワシントンにやって来られ、あっという間に『戦艦大和ノ最期』の検閲史料を発見され、「護国の英霊に導かれた」という感動的な学会発表をされた。

アメリカで開催された学会で誇らしく発表された江藤氏の姿はひときわ輝きを放っているように感じられたが、それに比べて、知らせた本人である私の研究は一向に進まない。そのあまりのギャップに打ちひしがれた。

そんなとき、私を支えてくれたのは、大学でふと目にした次の三枚のポスターであった。

1 "Dream what you dare to dream. Go where you want to go. Be what you want to be. LIVE!"

「あえて夢見ようと思うことを夢見よ。行きたい所に行け。なりたいものになれ。真に生きよ」

2 "You are never given a wish without also being given the power to make it true. You may have to work for it, however."

「願いを実現する力を与えられないで、願いを与えられるということはない。しかし、そのためには努力しなければならない」

3 “There is invisible summer in your heart in the middle of winter.”

「冬の真っ只中にあなたの心の中に目に見えない夏がある」

私が最も発見したかったのは、米大統領ルーズベルトが「敵国の哲学そのものを破砕する」と声明した対日占領政策の核となった一九四五年十二月十五日の「神道指令」関係文書であった。同文書はなかなか見つからなかったので一時帰国した。神道思想家の葦津珍彦《あしづうずひこ》氏によれば、ＣＩＥ宗教課の一員であったウィリアム・ウッダードの研究を支援していた米クレモント大学に史料が保存されているのではないかということであったが、同大学には保存されていなかった。

その史料は米国立公文書館別館のＣＩＥ文書の中にあった。右上に一九四五年十二月十五日と明記された文書を発見したとき、涙があふれて止まらなかった。志を立てて渡米してから、三年近い月日が過ぎていた。この日のために、この日のためにあきらめずに苦しい日々を乗り越えてきた。「史朗、大丈夫。必ずよくなる」と何度も語ってくれた父の言葉を肝に銘じて頑張ってきた。それから次々と重要史料を発見できたことは不思議な体験であった。

あれから三十年、ニューヨークで在米文書を目にしたとき、そんな過去の出来事が走馬灯のように脳裏をめぐった。三十年間遠回りをしてきたが、やっと帰ってきたんだなと感慨深かった。父が「お帰り」と言っているような気がした。そう感じたのには訳がある。

占領史研究のためにアメリカに留学する決意を父に伝えたとき、「史朗という名前は歴史を明らかにしてほしいという私の切なる願いから名づけたものだ」と涙ながらに語った父の言葉を私は生涯忘れることができない。「歴史を明らかにしてほしい」という父の切なる願いに私は一体どれだけ応えてきただろうかと思うと、涙が止まらなかった。今こそ「初心」に戻る秋《とき》だと心の底から思った。

私の中には研究者魂と活動家魂が共存しており、前述した全国紙の一斉報道が私の研究者魂に火をつけて三十歳で渡米したが、帰国後、政府の臨時教育審議会の最年少の専門委員（当時三十四歳。私のほかに三十代、四十代は皆無で、「新進気鋭の教育学者」とマスコミからもてはやされて有頂天になっていたのか、父から「実るほど頭を垂れる稲穂かな」という一句がハガキで送られてきた）となり、毎週三時間、三年近く教育改革論議に参画し、私の活動家魂に火がついた。

以来、松下政経塾の講師・入塾審査員（「志」審査を担当）、文部省の国際学校研究委員、自治省の青少年健全育成調査研究委員会座長、政府の少子化対策重点戦略検討会議の分科会委員、埼玉県教育委員長、「新しい歴史教科書をつくる会」副会長、やすくに活世塾塾長、師範塾・

親学推進協会理事長、内閣府の男女共同参画会議議員（三期六年）、東京都の男女平等参画審議会委員（三期六年）、埼玉県の青少年健全育成審議会会長（二期四年）、神奈川県の学校不適応対策研究協議会の専門部会長、荒川区の男女共同参画社会懇談会の副会長、仙台市の男女共同参画推進審議会委員などを歴任してきた。

この三十年間、活動第一で戦後教育史研究を疎《おろそ》かにしてきたが、二〇一二年十一月二十日に六十二歳の誕生日を迎えて、「初心」に戻る決意をした。十一月十日に東商ホールで開催された靖国神社崇敬奉賛会主催の公開シンポジウムで京都大学名誉教授の中西輝政氏と対談したことが、ルース・ベネディクトの『菊と刀』に注目する契機となった。

また、三十年前の時点では公開されていなかった機密文書が新たに公開され、さらに、当時葦津珍彦氏や岸本英夫《きしもとひでお》氏（終戦当時、東京大学助教授でCIE宗教課のアドバイザーを務めた人物）のご子息に尋ねてもどうしても発見できなかった岸本英夫日記やウッダード文書がオレゴン大学で発見されたことは、私の研究者魂に火をつけた。

すべての役職を辞して講演活動も必要最低限に自粛し、研究執筆に専念する決意を年賀状に書いたところ、「新しい歴史教科書をつくる会」を私と藤岡信勝氏と三人が中心になって設立した西尾幹二氏から、次のような賀状が届いた。

「賀状拝読、ライフワークに立ち上がったとの報、私は大変喜んでいます。もう昔ですが、このテーマで大著を書いてくださいと申しました。実現しそうですね。うれしいです。そうでなくちゃあなりませんね。もう十分に『行動』はなさったので、『認識』の集大成の秋です。待っていますよ」

私の父も同じ思いではないかと思った。

複眼的研究の誓い

二〇一三年二月二十五日、午後三時成田空港発の飛行機でニューヨークのジョン・F・ケネディ空港へ向かう。日本との時差は十四時間。十二時間かかって到着。四時間半後、一路ロンドンのヒースロー空港へ向かう。ニューヨークとロンドンの時差は五時間。七時間かかって午前六時二十分に到着。両便で二度ずつ機内食。合計十九時間という長い飛行と時差のため、だんだん朝食なのか昼食なのか、分からなくなる。

ヒースロー空港からコーチ（長距離バス）で南へ約三時間走って、十八世紀末にジョージ四世が離宮として建設したロイヤル・パヴィリオンのある美しい海に面したブライトンに到着。青く輝く海を眺めながら、海岸沿いにホテルがびっしりと軒を並べている通りを重い荷物を引きずりながら歩くこと四十分。地図上では徒歩十分くらいと判断してタクシーに乗らなかったが、ホテルに到着したときには長旅の疲れがピーク状態。

しかし、サセックス大学図書館の特別コレクション所蔵のジェフリー・ゴーラー文書の調査ができるのは午後五時までのため、昼食もとらずに、チェックイン後、直ちにタクシーで大学に向かう。「こんな無茶なことは今しかできないね」と、同行した妻に思わず本音がポロリ。サセックス大学は美しいキャンパスと学際教育が特徴の名門大学で、三名のノーベル賞受賞者と大統領、副首相、農村大臣、保健大臣を輩出している。

日本からあらかじめ調査したい史料を準備していただくようメールで依頼していたため、特別コレクション担当の図書館員が史料箱を準備して待機してくれていた。まず受付で入館手続きを済ませ、図書館員に案内されて二階の史料閲覧室へ移動し、規則についての説明を受ける。フラッシュを使わないカメラ撮影は可能で、スキャナーで取った画像は一日五十画像までUSBメモリーに入れることができるが、コピーはできないという。

まず閲覧室内のパソコンでゴーラー文書全体の検索を行うとともに、一九九三年に作成されたカタログに目を通すが、史料の膨大さに思わず嘆息。三十年前に初めて渡米し、ワシントンDC郊外の国立公文書館別館に保存されていたGHQ文書一万二百八十三箱を初めて目にしたときの衝撃が脳裏をよぎる。

思い直して妻と打ち合わせをして作業の分担をした。一回に手渡される史料ボックスは一人に一箱。私が史料の重要性をチェックして、妻が片っ端から筆写するという二人三脚の研究調査が始まった。

サセックス大学での調査によって、ルース・ベネディクトの『菊と刀』の土台となったゴーラーの論文の基礎史料である聞き取り調査史料（驚くべき人物が含まれていた）や参考文献、関係者との往復書簡などが明らかになった。

三月四日昼、ヒースロー空港発の飛行機で、六時間かけてニューヨークへ移動。さらにエアシャトルと地下鉄とトレインを乗り継いで、四時間後にヴァッサー大学に到着。重い荷物を持って長時間移動するハードスケジュールに肩はパンパン。ニューヨークでは同日から、国連女性の地位委員会が「女性と少女に対するあらゆる形態の暴力の予防と根絶」をテーマに開催。

ヴァッサー大学のベネディクト文書はカメラ撮影が許可され、複写手続きもできるので、複写する必要があるかを私がチェックして、妻が用紙にフォルダー番号と文書名、日付を書きながら、必要に応じてカメラで撮影。『菊と刀』執筆以前のベネディクトとゴーラーの往復書簡やベネディクトの対日占領政策にかかわった活動を中心に調査。

三月五日、皇太子殿下がニューヨークに到着され、国連本部で開催されたレセプションで国連幹部、各国の国連大使らと懇談。翌六日、国連本部で開かれた「水と災害に関する特別会合」で素晴らしい基調講演をされ、感激。埼玉県で全国高校総体が開催された際、皇太子殿下主催の会食（出席者は十名程度）に県の教育委員長としてお招きいただいたことや、その後宮中茶会に招待されたときにも名前を覚えていてくださり、お声をかけていただいたことがなつかしく思い出された。

三月八日、国連本部で開催された「国連女性の日」会議に出席。世界各国の政府代表のほか非政府組織（NGO）の代表らが結集。私もメンバーになっている、政府の「男女共同参画会議」のテーマにも関連するので、議論の動向をチェックした。

三月十日早朝六時五十五分、ニューヨークからソルトレイクシティを経由してオレゴン州のユージン空港へ向かう。出発直前、三月十日よりサマータイムに移行するため時計を一時間早めないといけないことに気づき、間一髪セーフ。四時に目覚め、たまたま前日のニューヨークの新聞を読んでいて、その記事を発見。ご先祖様の目に見えない導きに感謝。九時間半かかってユージンに到着。

1981年、スタンフォード大学フーバー研究所前で両親と

ホテルにチェックイン後、オレゴン大学のキャンパスを下見。半袖のTシャツ姿の学生が多く、前日雪の降った極寒のニューヨークから厚手のコートを着込んで歩いている私たち二人の

服装とのギャップに驚く。三十年前、雪がしんしんと降っているワシントンＤＣから車でアメリカ大陸を横断し、一日約八時間運転し、一週間かかってサンフランシスコを経てスタンフォード大学に到着したときの衝撃を思い出した。キャンパスの随所に美しく咲き誇る花が見られる。五分咲きの桜に春の到来が感じられ、日本より一足先に桜の開花を味わわせていただいた。

三月十一日、東日本大震災二周年に合掌しつつ、オレゴン大学のナイト図書館でウッダード文書の調査研究に着手。三十年前、どうしても入手できなかった岸本英夫日記と、生々しい神道指令と天皇の「人間宣言」の草案および関係文書を発見し、感激。思わず一気に読破。神道指令（靖国神社問題を含む）、天皇の「人間宣言」、教育勅語、修身・歴史教科書等の使用停止に関する緊迫したＧＨＱとの交渉過程が簡潔に記されていて、極めて貴重な第一次史料。

三十代のころ、二年半かかって発見した神道指令草案。そのより詳細な史料を発見して、自らに与えられた使命を全うするために、このナイト図書館に来るように導かれたのだと気づいた。「精神的武装解除」という占領政策の中核となった神道指令（ならびに教育勅語の廃止、修身・歴史教科書の使用停止）の不当性を明らかにすることが、父が「歴史を明らかにしてほしい」と切に願って「史朗」と名づけた私の歴史的使命に違いない。その使命を全うするために、再び占領文書研究に導かれたのではないか。

三月十四日、再びニューヨークに戻り、十三日付のニューヨーク・タイムズ紙で写真入りで紹介された映画「エンペラー」を市内の映画館で鑑賞。トミー・ジョーンズが演じるマッカーサーと昭和天皇の第一回会談の内容が大きくクローズアップされて幕を閉じる感動的な映画。

三月十七日、アムトラックで一時間半かかってフィラデルフィアに移動。ペンシルベニア大学を経由して、タクシーで三十分かかってスワースモア大学近くのホテルにチェックイン。同大学の下見をするために徒歩でホテルを出発。途中ですれ違った女性に道を尋ねると、「歩いていくのは無茶だ」と必死の形相で猛反対。親身になって両手を取って懸命に説得する姿に感動。下見を断念してホテルに戻る。そのときのことを妻が詩にした。

歩いていくのには遠すぎると心から心配してくれた異国のあなた
「心配しないで」と言うと、間髪容《い》れずに
「いいえ、あなたたちのことを心配するわ」と
この先を歩いていこうとする私たちを
頭を抱えんばかりに心配してくれたあなた
あなたの心に接して良かった
心あたたかく　涙が出そう

あわただしい研究調査旅行の中で、思わぬ出会いにホッとさせられることも少なくない。ホテルの部屋に案内してくれた日本人ハウスキーパーとの出会いもその一つ。妻がこの日、二つ目の詩を書いた。

日本から遠く離れたアメリカ東部の地で元気よく
走り回るようにして働いているあなた
あなたの姿に接し、数分の会話をして
心にしみじみと感じ入るものがある
どうかお元気で

数分間の会話なのに、お互いに涙ぐんでいる。心に通じるものがあるからだろう。さまざまな人生を精一杯生きている人に出会うと心から励まされ、「どうかお元気で、お幸せに」と祈らずにはおられない。翌日からスワースモア大学のMcCabe図書館でヘレン・ミアーズ文書を研究。

三月十九日から、コロンビア大学バトラー図書館で一九四四年の太平洋問題調査会の関係文書を調査した後、同大学内のドナルド・キーン・センターを訪問。

三月二十二日、約一か月に及ぶ調査研究を終えて帰国。コピーした史料は三千頁、カメラで撮影した史料は八百頁、筆写した史料は二百頁を超える。これだけの史料を読み込んで整理し、論文にし、単行本として出版するには相当時間がかかるであろう。寸暇を惜しんで研究に専念したい。

一か月の研究調査を終えて感じたことは、研究テーマが『菊と刀』の領域にとどまらない方向に拡大したということである。『菊と刀』の土台となったゴーラー論文の情報源などの探求によって、三十年前の研究テーマであった神道、教育勅語の廃止を含む天皇制処理政策、「敵国の哲学の破砕」すなわち「精神的武装解除」を目的とする諸政策との関係を総合的に考察する必要があることが明らかになった。

今、より成熟した視点から占領政策の光と影を改めて見直すことが求められているのではないか。三十年前は占領政策の影の部分にのみ目を向け、アメリカの責任を追及することに必死だったが、責任を他に転嫁する一方的な単眼から脱却して主体変容し、『菊と刀』を軸として、連合国軍による対日占領教育政策の光と影を複眼的かつ総合的に見直したい。

三十年の年月を経て、再び占領政策に目を向けるように導かれた人生の不思議さを感じる。膨大な史料を目の前にして身震いしている。研究の再スタートを切った、これからが私の真価が問われる正念場だ。できるだけ客観的な実証的研究を心がけたい。

ヴァイニング夫人の機密文書

こうして始まった在外文書調査研究の旅。二〇一二年から毎年レンタカーで年間一万キロ以上、全米の大学や図書館を駆けめぐり、各地で保管されている史料の調査を行いつつ、現在の日本をめぐる「歴史認識問題」についても調査を重ねてきた。

二〇一四年三月のアメリカでの調査研究の際は、「従軍慰安婦」をめぐる河野官房長官談話の検証を政府が行うことが明らかになったため、ワシントンにある米国立公文書館で「従軍慰安婦」に関する史料を調査したほか、ロサンゼルスやニューヨークにある慰安婦の石碑に関連する現地調査を行い、カリフォルニア州を中心に広がっている日本人の子供に対するいじめの実態などについて広く調査することにした。

国立公文書館では、日本国憲法第二十四条の草案を書いたベアテ・シロタ・ゴードンについても調査したが、近い将来同女史の文書が出身大学のミルズ・カレッジで公開予定である(Mills College F. W. Olin Library, special collection & archive, the general manuscript collection, global fund for women collection)。

私が留学していたメリーランド州立大学のフォーンベイク図書館のプランゲ・コレクショ

ンに、同大学のマーリン・メイヨー名誉教授のオーラル・ヒストリーが所蔵されており、この中に同女史やヘレン・ミアーズとのインタビューが含まれていることが分かった。

三月九日、ワシントンDCを出発し、車でペンシルベニア州のフィラデルフィアを通過して、スワースモア大学に到着。美しいキャンパスに改めて感動。

ここでヘレン・ミアーズ文書をすべてスキャンして私のパソコンに送ったが、容量が大きすぎて、パソコンが故障してしまった。それでスキャンを断念し、妻と手分けして、私が全体の三分の二をコピーし、妻が三分の一をカメラで撮影した。

米英での調査研究は基本的に研究者一人に一度に史料箱一箱しか出してくれないため、妻と文字通り二人三脚で、一箱ずつを同時に作業できる有難さを改めて痛感した。「長期間、外国で二人でホテル住まいとは羨《うらや》ましいね」と人は言うが、実際はそんな甘いものではない。休憩もしないで丸一日、コピーと写真撮影に明け暮れるので、夕刻にホテルに戻るとバタンキューで寝てしまうという、今までの研究生活で経験したことのない過酷な日々なのである。長時間の車の運転も含めて、相当の体力と気力を必要とする。六十代にしては気力も体力も充実していることに感謝して、今できる調査研究に二人で全力投球したいと思っている。

三月十二日、ハバフォード大学マジル図書館クエーカー文庫で、今上天皇の少年時代に英語の家庭教師を務めたヴァイニング夫人の文書を調査した。全三十九箱中、十二箱は機密文

1980年、マッカーサー記念館で開催された日本占領シンポジウムにて
ヴァイニング夫人（後列左から３人目）と面会。右端が筆者

書に指定され、厳しい制限が課せられており、コピーや写真撮影はもとより、メモすることすら許可されなかった。記憶術をマスターしておけば、こんなときに役立ったかもしれないが、とにかく二人で分担して、一行残らず目を通した。残念ながら活字にすることも許されていないので、読者に報告できないが、皇室に関する機密情報なので致し方あるまい。

情報公開の時代にわざわざ車でアメリカの大学を訪れる必要があるのかと尋ねる人もいるが、このような機密文書は実際にこの図書館を訪れなければ見ることはできないのである。どのような文書が含まれているかを知りたい方は、ハバフォード大学図書館特別コレクションの“Finding Aid for the ELIZABETH GRAY VINING PAPERS, 1897–1989”を参照してほしい。

最も注目されるのは、昭和天皇とマッカーサーとの第一回会見記録である。ヴァイニング夫人がマッカーサーと面会して、その第一回会見の模様について聞いたことを、帰宅後、記憶が鮮明なうちに日記に書き留めたもので、エリザベス・グレイ・ヴァイニング著『天皇とわたし』（山本書店）に、その日記が次のように引用されている。

「わたしは少し強く押してみたんだが、戦争にたいする責任を取る気があるのかと質《ただ》すと、天皇はこう言われた。『お答えする前に一言いわせていただきたい。閣下がわたしをどう扱おうとそれは構わない。わたしはそれを甘んじて受ける。絞首刑にしてもかまわない。ただわたしは戦争を望んだことは一度もなかった。一つにはわれわれが勝てるなどとわたしが考えなかったからだ。それにもましてわたしは軍拡派を好まなかったし、信用していなかった。戦争を阻止するためにわたしにできることはした』」。

さらに、香淳皇后と美智子皇后、今上天皇の書簡や、マッカーサーの面会の際の会話の逐語的記録および面会のための小泉信三らとの準備についての記録などが含まれている。

ハバフォード大学に到着したとき、妻が次のような詩を書いた。

雨のハバフォード大学で見たものは何？
それは　あなたの無心の働き
内からの衝動で動く　まっすぐな純真な働き
何の邪心もない
何の計らいもない
無心の働き

車の荷台から資料を取り出そうとする
後ろ姿を見たとき
この大学に来るまでの
緻密《ちみつ》な準備を感じて
私は何のお役にも立てず
一人でこの人生を引っ張ってきたのだなと
涙が出そうだった

その後ろ姿に
父を感じた

三月十四日、車でニューヨークに移動し、前年に引き続き、国連本部で開催された国連女性の地位委員会の会議の二つの関連イベントに参加。

三月十六日、飛行機でロサンゼルスに移動し、大学同期の友人に四十年ぶりに再会。顔に面影は残っているが、姿はすっかり好々爺《こうこうや》に変貌《へんぼう》。四十年の歳月の重みを感じて感無量。一文無しになったどん底の生活から見事に立ち直った苦労話を聞き、日本から遠く離れた地で一人、思いも寄らぬ人生を生きてきた友がいることを知り、言葉が出なかった。しかし、今は不動産業者として立派に成功している。大したものだ。

旅先での出会い

戦後七十年の節目を迎えた二〇一五年八月の調査では、バンクーバー、トロント、オタワを経て、米ニューヨーク州にあるコーネル大学までレンタカーで約二千キロ移動。ナイアガラの滝の橋を通ってトロントに戻り、「トロント正論の会」の発足記念講演後、カリフォルニア大学ロサンゼルス校（UCLA）で研究した。

各地で日系人の方々と懇談し、カナダにも日系人に対するいじめや嫌がらせが広がっていることを知り、カナダに単身で留学している高校生から具体的ないじめ事例をヒアリングした。アメリカで同様の調査を行った際、話を聞いた高校生は全員親と同居していたが、カナダには親元を離れて一人で留学している高校生が少なくないことを知った。「いじめられても相談する人がいないので不安だ。いざというとき誰が守ってくれるのか」と心配そうに訴えるので、「大丈夫。いつでもメールで私に連絡しなさい」と伝えたが、このような高校生が多数いることを私たちは決して忘れてはならないと思った。

ブリティッシュ・コロンビア大学とカナダ国立公文書館では、GHQの占領政策に大きな影響を与えたカナダの外交官、ノーマンの関係文書（遺書を含む）を調査。コーネル大学では

「南京大虐殺」を世界に広め、東京裁判にも影響を与えたハロルド・J・ティンパーリ、UCLAではウォー・ギルト・インフォメーション・プログラム（WGIP）を計画し実行したブラッドフォード・スミスについて研究した。

この旅でもさまざまな出会いがあった。まずバンクーバーに到着後、ブリティッシュ・コロンビア大学に直行したが、妻とバスに乗るとコインでしか料金を支払えないという。紙幣しか持ち合わせがないため困っていたら、乗客の一人が「コインを持っている人はいませんか？」と車内に呼びかけてくれた。八十歳くらいの老女が立ち上がり、一・七五ドルのシニアパスを二枚取り出し、「これで二人を乗せてあげて」と運転手に頼んでくれた。ぶっきらぼうな運転手は了承し、無事に乗ることができた。

妻が紙幣でお返ししようとすると、老女は「結構よ」と言った。それでも「感謝の気持ちです」とお渡しすると、おつりを持ってきた。新しい印伝の携帯ストラップを「あなたの日本人への愛の思い出に！」と言いプレゼントした。バスから降りても投げキッスをして私たちを見送ってくれた。素敵で粋なカナダ女性であった。

ロサンゼルスで出会った九十七歳の浅井菊次さんは、静かで柔らかな物腰であるが、秘められたパワーと生き方に深く感動させられた。奥様は三十年以上前に亡くなられているが、孤独感や老人臭さがまったく感じられない「永遠の青年」である。月刊誌『致知』の読者の集まりである木鶏クラブのロサンゼルス支部を立ち上げた代表者で、この二〇一五年八月の渡米の機会に同支部の結成二周年記念講演会に招かれた縁から、ロサンゼルスを訪れるたびにお会いするようになった。

浅井さんは「おはよう！　浅井青年！」と笑顔で自分に挨拶《あいさつ》してから一日を始めるのだという。以前、靖国神社崇敬奉賛会主催の講演会で茶道裏千家の千玄室前家元に若さの秘訣《ひけつ》は何かと尋ねたところ、「毎日、鏡に映った笑顔の自分に『おはようございます』と挨拶することですよ」という答えが返ってきたことを思い出した。

二十年後には、五十代、六十代を独り身で過ごす人が過半数を超える時代が到来するが、そういう孤独な高齢社会を「寂しく」ではなく、心から感謝して生きている人がいた。浅井さんに出会って、かつて私とのテレビ対談で作家の草柳大蔵氏が、俳人の飯田蛇笏《いいだだこつ》が「誰彼も非《あら》ず一天自尊の秋」と詠んだ晩年の境地を「死にがい」と表現したことを思い出した。浅井さんとの感動的な出会いを、妻が次のような詩にした。

「ありがとう」の原点

朝　台所に立つと　思い出す　あの方の言葉

朝起きて　鏡に映る自分に「ありがとう」
生かされていることへの「ありがとう」
自分でコーヒーをいれて「ありがとう」

そのような心で朝を迎える人

九十代を半ば過ぎ
背筋を伸ばして
いつも優しい満面の笑みのあの方
あの方にお会いできてよかった
あの方の「ありがとう」は「ありがとう」の原点
さあ　私も素朴に淡々と「ありがとう」の原点に立とう

戦後七十年を経てもなお、慰安婦問題などで中韓との対立が激化しているが、旅先で出会う人々との出会いは、そのような民族的対立を超えている。序章の締めくくりにもう一つ、妻の詩を紹介したい。

出会い

韓国から留学しているという貴女
バイトをしながら学んでいる貴女
どうぞ　このアメリカでの学びが
貴女の人生にとって充実したものでありますように！

〝ジャパニーズ？〟と尋ねた貴女
〝私はチャイニーズ〟と言った貴女
レストランで
私たちの担当ではないのに
ちょっとした合間に
何度も　何度も　私たちの席へ来て話しかけた貴女
席を立ったとき
私は貴女を探して

私たちはハグをした

コリアン　チャイニーズ　ジャパニーズ
このアメリカの地で
一瞬だけど　出会った私たち
私の心のキャンバスに
温かい　大きな円が描かれた

第一章　「伝統的軍国主義」という共同幻想

発見された岸本英夫日記

ところで、一九八〇年からの在米占領文書調査時の資料と共に保存していた、父の和歌を紹介したい。渡米中の私たち夫婦に送られてきたものの一部である。

・若竹の伸びのすがしく　若鳥の羽音高く出《い》でたつ吾子《あこ》は

これは父が成田空港からアメリカに飛び立つ私を見送りながら詠んだものである。

・きびしくも学びいそしむ吾子達に　さはりあらせず守らせ給へ
・おもむろに文読む時の楽しさは　我アメリカに遊ぶが如《ごと》し
・なにげなき便りの中にみ国思ふ　強き心の見えて嬉《うれ》しも
・もろともにこころひらきてむつみなん　祖国は如何《いか》に離れたりとも
・豊かなる緑の中にリスも居て　たわむる見つつ過ごす吾子はも
・はからずも声聞く事のうれしさよ　そぞろ伝はるはずむその声

・吾子たちと道は千里を隔つとも　心は通ふ道の尊さ
・我が願ひつひに通ひて幸せの　文字見る君の今日の便りに
・こずえ殿内助の姿ありありと　目に浮かび来てそぞろ頼もし

さて、本論に入る。連合国軍の対日占領文書の公開はアメリカ側が先行していたため、これまでの研究は連合国軍側の視点を中心とした分析に偏りがちであった。日本の外務省は一九七六年、作成後三十数年を経た外交文書の一部公開を始めたが、公開の可否は担当部署の判断に委《ゆだ》ねられており、多くが非公開となっていた。

民主党政権は日米核密約調査を契機に、三十年経過した外交文書を原則公開する制度を二〇一〇年に導入した。その後も自民党政権下で、外務省は一般公開手続きを終えた外交文書を順次公表しているが、二〇一三年三月七日に公開された文書の中には、第二次世界大戦の戦後処理を中心とした五十六冊、戦争責任・戦犯をめぐる日本と連合国側のやりとりなどが含まれていた。

これによって日本側の視点を加えた考察が深まり、占領した側と占領された側双方の複眼的視点から、連合国軍による対日占領政策を総合的に見直すことが求められている。後述するが、オレゴン大学ナイト図書館所蔵のウィリアム・P・ウッダード文書に含まれている岸《きし》本英夫《もとひでお》日記は、この複眼的視点からの分析に必要不可欠な重要な第一次史料といえる。

二〇一二年十二月と二〇一三年二、三月の英米五大学での研究調査によって、今後の研究課題が明確になった。それは、

①『天皇と神道——GHQの宗教政策』（ウィリアム・ウッダード著）

②『菊と刀』（ルース・ベネディクト著）

③『アメリカの鏡・日本』（ヘレン・ミアーズ著）

を、英米で公開された新史料に基づいて、新たな視点から総合的に見直すことである。

本研究のねらいは、次の通りである。

(1) 米オレゴン大学所蔵のウッダード文書を分析することによって、神道指令と天皇の「人間宣言」、祝祭日の廃止などをめぐる新事実を解明し、同文書に含まれている岸本英夫日記により、水面下で展開された日米交渉の実態を浮き彫りにする。

(2) 米ヴァッサー大学所蔵のルース・ベネディクト文書、英サセックス大学所蔵のジェフリー・ゴーラー文書、米議会図書館所蔵のマーガレット・ミード文書、横浜開港資料館所蔵のドン・ブラウン文書の研究調査により、一九四二年から始まった連合国軍の日本（人）研究がいかなるプロセスをたどり、いかなる議論を経て、対日心理作戦にど

のように活用され、ルース・ベネディクト著『菊と刀』にいかなる影響を及ぼしたかについて、ＯＷＩ（戦時情報局）文書や太平洋問題調査会議事録、ベネディクト、ゴーラー、ミードの膨大な往復書簡などの分析を踏まえて解明する。

（３）米スワースモア大学所蔵のヘレン・ミアーズ文書の研究調査により、ルース・ベネディクト著『菊と刀』とヘレン・ミアーズ著『アメリカの鏡・日本』が、一体なぜ日米双方で対照的な評価を受けたのか、その歴史的背景について考察する。

まず、オレゴン大学ナイト図書館所蔵のウッダード文書に基づいて、（１）について解説したい。

ウィリアム・Ｐ・ウッダードは、ＧＨＱの民間情報教育局（ＣＩＥ）宗教課の調査スタッフである。ウッダード文書には、ウッダードの原著“The Allied Occupation of Japan 1945–1952 and Japanese Religion”の草稿と完成原稿とが含まれていた。これらを比較し、大幅に削除された内容を分析することによって、一九四五年十二月の神道指令と、翌一九四六年一月の天皇の「人間宣言」をめぐる新事実が明らかになった。

さらに同文書には、私が三十年以上前から探し続けてきた岸本英夫氏の日記（一九四五年の一年分）が含まれていた。東京大学助教授時代にＣＩＥ宗教課のアドバイザーとなり、日本側と連合国側との調整に奔走した岸本氏の日記によって新たに判明した史実は注目に値する。同日記の内容については「岸本英夫日記抜粋　一九四五年」と題する用紙（十三頁）に①月日、②時間、③場所、④面会者、⑤用件・内容、⑥その他に分類整理した表があり、ウッダードがどの内容に注目していたかが、書き込みなどによって分かる。

特に注目されるのは、一九四五年十月十一日以降の日記である。この日の日記には、「今日は不思議に文部省から電話のかかる日。明日、午前は総務課、午後は文部大臣に面会の約束出来。用件は何やら皆目不明」と書かれており、激動の日々が始まる予感がして興味深い。翌十二日の日記を抜粋しよう。

文部省にて大臣官房田中参事官に面会。マックアーサー司令部情報教育部長ダイク大佐より、日本人顧問派遣方の希望あり。帝大の教官中より人選の結果、予に委嘱したく、事態切迫中故《ゆえ》、大至急承諾せられたき旨の要請あり。……顧問の件、否応《いやおう》なしに引き受けさせられる。……予を顧問とすることについての先方へのアグリーメントは、既に二日以前に手続きを完了しあり。……ダイク大佐に面会。……予の役目はそれ等の各部門につき必要なる知識を供給すべき日本人の人選等なる由。……今後予が主として協力すべきヘンダーソン少佐に紹介され……疲労困憊《こんぱい》せり。

岸本英夫日記
（オレゴン大学ナイト図書館所蔵）

ここで注目したいのは、「日本人の人選」が「予の役目」と記している点である。実際に岸本がＣＩＥに紹介したのは、姉崎正治《あねざきまさはる》（宗教学者）、宮地直一《みやじなおかず》（神道学者）、海後宗臣《かいごときおみ》（教育学者）、南原繁《なんばらしげる》（政治学者、当時の東大総長）、山本有三《やまもとゆうぞう》（小説家、劇作家）等で、文部省、終戦連絡中央事務局、神祇院《じんぎいん》、東大等の日本側関係者とＣＩＥ幹部との仲介調整役を務めた。

これに関連する日記（原文ママ）を抄出しよう。

十月二十二日、ＣＬＯ（終戦連絡中央事務局――筆者注）より代表的教育者名簿の印書届く。バンス中尉に手交。満足なる由。

十月二十三日、姉崎父を身延《みのぶ》より迎え出す件、次の意味の電報を打っておく。「マックアーサーシレイブトコウショウノタメ」ジョウキョウシテイタダキタク」ジドウシャムカエニユク」キシモト」ホール中尉と海後助教授との会談は、木曜日一時半と決定。

十月二十五日、予、司令部にて、海後宗臣氏をホール中尉に紹介。三時まで、教科書に関する諸問題についての討議の通訳。

十月二十九日、姉崎、ダイク大佐の面会に立会い、バンス中尉も列席。神社神道、教育勅語、歴史教科書等の話あり。

十一月五日、終戦事務局より司令部に至り、ホール中尉に軍国的教育者追放の件に関し、当局と面会の斡旋《あっせん》。ダイク大佐の部屋で宗教団体法に関し、宗教家の意見を聞く会。通訳兼進行係で疲労困憊。

十一月八日、吉田茂氏、バンス大尉の会見。予、立会い。二時間。神社問題も次第に大詰に近し。

十一月十六日、バンス大尉と会談。歴史教育の問題につき、ワンダリック少佐と談合の端緒を開く。

十一月十九日、ワンダリック少佐と歴史教育について語る。バンス大尉より、防諜《ぼうちょう》部長ソープ代将より、ダイクまで、靖国神社大祭に関して、抗議的申入れありし由をきく。

靖国神社に至り、宮地博士とともに、陸海軍高級副官達に、この旨を伝えて談合。係官達、軍服を脱いで、背広着用のことに決定。

十一月二十日、ダイク、バンス、ソープ三氏同伴、靖国神社臨時大祭に参列。皇族と臣民との間に位置して、御親拝を親しく拝観。米内《よない》海相、畑《はた》元帥、梅津《うめづ》大将等を紹介。

十一月二十一日、宮内省にて、三浦参事官に会う。宮中新嘗祭《にいなめさい》にダイク代将参列の儀は、謝絶に決した由をきく。終戦事務局曽祢《そね》部長に会い、打合せの上、バンス大尉まで婉曲《えんきょく》に断る。

十一月二十二日、司令部で海後氏同伴にて、ワンダリック少佐と会談。歴史、修身、地理の教科書使用停止に関し、ディレクティブの草案を示して、意見を求めらる。

十一月二十三日、午後、司令部。海後氏、ワンダリック少佐と昨日の続き。五時過ぎまで。

十一月二十六日、靖国神社権宮司横井氏、宮地博士、バンス大尉と会見。その通訳。靖国廟宮案の説明あり。

十二月四日、司令部にて、曽祢氏、飯沼氏、バンス大尉と会見に立会う。

十二月二十日、吉田宗務課長と共に、ディレクティブにつき、バンス大尉と交渉。ワンダリック少佐と面談。松谷氏をポパム中尉に紹介。ディレクティブの件につき再交渉。ダイク代将と折衝、大村次官を呼び出して遂《つい》に解決。

十二月二十七日、南原総長に面会。司令部にてホール大尉と語る。文部省にてバンス大尉、神社のディレクティブにつき、文部職員と会談。

十二月三十一日、（教科書に関するディレクティブ出ず）山本有三氏宅に立寄る。司令部、内務省をまわる。終戦事務局にて高木博士に面会。司令部にて、ノヴィル少佐をたすけ人物調べ。

岸本日記はこの日までしか残っていないが、まさに激動の三か月を象徴するように司令部と日本側関係者との調整仲介役として東奔西走した様子がうかがえる。そして、「誠に激しき年なりき」という一文で締めくくられている。

一年分の日記を読み終えて最も印象に残ったのは、十二月七日からの一週間の日記である。それまでは詳細に記されていた日記の記述が十二月七日は空白で、それ以後も毎日一、二行しか記述されていない。これは、この一週間が最も緊迫した一週間であったことを如実に物語っている。この部分の日記を抄出しよう。

十二月十日、ディレクティブ。

十二月十二日、日本宗教。学士院。「国体」で決心。

十二月十三日、バンス、「国体」。海後氏。

十二月十四日、大臣。

十二月十五日、教科書局長。学問。

ほかの日の日記と比べて極端に短い背景には、次のようなドラマがあった。実際に指令が発出される五日前の十二月十日に、岸本はバンス宗教課長から神道指令草案を手渡された。いかに岸本を信頼していたかが分かるが、他人に見せないよう約束を求められ、岸本はこの約束を守った。「どちら側に対しても、けっしてスパイ的役割はしないぞと固く決心」していたからである。

十二日の日記には「『国体』で決心」とのみ書かれているが、翌朝、彼はバンスに次のような意見を述べた。

一箇所だけ、私としての意見がある。それは〝国体〟という言葉の禁止についてである。〝国体〟という言葉を禁止すれば、教育勅語も廃止されることになる。教育勅語ほどの重要性をもったものが、国体という言葉ひとつにひっかかって廃止させられたというのは、いかにも堂々としていない。背後から短刀で暗殺するような方法で廃棄させることは、総司令部の文教政策としては得策ではない。

草案はすでに民間情報教育局からマッカーサーの元に届けられていたため、このアドバイスを真正面から受けとめたバンスは一日総司令部内を奔走し、「国体」という文言を削除した。異様に短い日記から、逆に信頼されて指令草案を手渡された緊張感と、日米の「どちら側に対しても、けっしてスパイ的役割はしないぞと固く決心した」ゆえの苦悩と、あえて苦言を呈する決断の重みがひしひしと胸に迫ってくる。岸本とバンスの信頼関係が、「暗殺」による教育勅語の廃止という悲劇から日本を救ったのである。

岸本は「私は、相談をかけられたことを通して、総司令部が何を考えているかを推察するだけで、本筋は、いつでも私の目から隠されていた。私は自分が敗戦国の学者であることを、つねに思い知らされた」と記しているが、この占領者と被占領者の厚い壁を突き破る人間的信頼関係がわずか二か月足らずで構築されたことは感動的である。

一九八三年、バンス氏のバージニア州の自宅をインタビューのために訪れた際に、心からの歓迎を受けて強く抱きしめられたことが思い出される。「あなたは神道と軍国主義、超国家主義を混同しましたね」と厳しい口調で追及する私に、終始笑顔で真摯《しんし》に温かく接してくれた姿を、私は一生忘れない。占領した側の善意と人間性を実感した、貴重なインタビュー体験であった。

神道についてまったく知識のなかったバンスに岸本は十回くらい講義したが、バンスが熟読玩味《がんみ》したのは、アメリカの神道学者D・C・ホルトムの著書であった。今回のベネディクト文書、ゴーラー文書研究によって、ホルトムはベネディクトとゴーラーにも大きな影響を与えていることが判明した。

一九四五年十二月十五日にGHQが発した神道指令によって禁止された「国家神道」の定義は、ホルトムの神道観に全面的に依拠しており、「日本国民を欺いて侵略戦争へと誘導する」ことが「国家神道」の目的ととらえられた。ホルトムは加藤玄智《かとうげんち》の用語を使用して、「国家神道（State Shinto）」と呼んだ。ホルトムが日本滞在中に神道について学んだ加藤の強い影響を受けたことは、國學院大學所蔵のホルトム文庫に収められている加藤の著書へのホルトムの書き込みによって明らかである。

「国家管理された神社神道」を意味していた「国家神道」観を転換して、「現人神《あらひとがみ》」を注入するための巨大なイデオロギー装置という見方を提唱したのが加藤であった。この加藤の新説がホルトムによって受け継がれ、明治以来の国是の延長線上に現れた昭和十年代の現実として海外に伝えられ、連合国側の「共同幻想」として定着してしまったのである。

このような「国家神道」の「共同幻想」に基づいて、神道指令、天皇の「人間宣言」、新教育勅語構想、ゴーラーの論文「日本人の性格構造とプロパガンダ」、そしてベネディクトの『菊と刀』へと発展していったのである。

はめ込まれた「義眼」

前項では、私の戦後史研究のねらいの一つ目、ウッダード文書と岸本英夫日記の調査によって分かった日米交渉の実態について述べた。ここでは二つ目のねらいとして、現在まで影響を持ち続ける連合国軍の日本（人）研究のプロセスと活用、それがルース・ベネディクト著『菊と刀』にどのような影響を及ぼしたかについて、史料を読み解いていきたい。

グローバル人材の育成が教育改革の重要課題となっているが、①自国理解、②他国理解を踏まえて、③「説得力ある自己主張」ができることがグローバル人材の条件といえる。この観点から「従軍慰安婦」をめぐって物議を醸した橋下徹氏の発言を見ると、②と③に問題があるといわざるをえない。「従軍慰安婦の強制連行」を裏づける史実はないという自国理解は正しいが、朝鮮戦争やベトナム戦争などにも共通して見られた慰安婦が、なぜ日本に対してだけ「性奴隷」というレッテル貼りをされるのか、その歴史的背景を理解する必要がある。

二〇一三年五月九日付東京新聞の一面トップ記事によれば、米議会調査局がまとめた日米関係の報告書は、安倍首相が「帝国主義日本の侵略やアジアの犠牲を否定する歴史修正主義にくみしている」「強固な国粋主義者」「熱心な国粋主義者を閣僚に選んだ」「（東アジア）地域の国際関係を混乱させ、米国の国益を害する恐れがあるとの懸念を生じさせた」と指摘し、「米国や日本の近隣諸国から注意深く監視される」と強調した。

この米中韓の「監視」の目が戦後日本のマスコミ・知識人を今なお拘束し続けているわけだが、作家の江藤淳は、その根底に戦後の日本人にはめ込まれた「占領軍の目」という「義眼」があるという。この「義眼」は後述するように、アメリカの戦時情報局（ＯＷＩ）の対日心理作戦とＧＨＱ民間情報教育局（ＣＩＥ）の「軍国主義、超国家主義の一掃」をめざす「精神的武装解除」政策によって巧妙にはめ込まれた。

二〇一三年四月二十九日、韓国は閣僚の靖国神社参拝と安倍首相の「侵略の定義は国際的に定まっていない」との発言を糾弾する国会決議を行い、「日本は軍国主義に回帰」と指摘した。さらに、朴槿恵大統領は米議会演説で「歴史に目をつぶるものは未来を見ることができない」と述べて満場の拍手を受け、米韓首脳会談などで「日本が正しい歴史認識を持たなければならない」と強調した。ニューヨーク・タイムズやワシントン・ポストなど、米主要紙も同調し、安倍政権の歴史認識をめぐる対日包囲網が形成され、日本が孤立しつつある。

同年三月、ニューヨークにある国連本部で開催された「女性の地位に関する委員会」でも、従軍慰安婦問題をめぐり日韓が激突した。法的に解決済みと主張する日本と、未解決と主張する韓国とが意見を戦わせたが、欧州や米下院、ニューヨークなどでも韓国側に同調する

「従軍慰安婦」決議が行われており、このころから各国でも次々に記念碑が設置された。

その中でも二〇〇七年の米下院決議には、「日本政府による軍隊の強制的『慰安婦』制度は、その残忍さと規模において前例のない、四肢切断、死亡または自殺まで引き起こした強姦《ごうかん》、強制中絶、侮辱のシステムであり、二十世紀における最大の人身売買事例」と明記されている。

二〇一二年、国連人権理事会の普遍的審査に関する作業部会は、日本に対する審査内容をまとめた報告書を採択し、従軍慰安婦問題に関して、韓国、中国、北朝鮮が提起した「法的責任の確認と補償」など、百七十四項目の勧告を盛り込んだ。

この慰安婦の強制連行を事実上認めた一九九三年の河野洋平官房長官の談話を見直す安倍政権の動きに対して、シーファー前駐日大使は二〇〇七年五月三日、「見直しを受け入れる人は米国にまったくいない。慰安婦問題はいかなる正当化もできない。（見直しに動けば）米国における日本の利益を大きく害する」と述べた。従軍慰安婦問題を人権問題ととらえる米国と、歴史認識問題と位置づける日本との立場の違いが浮き彫りになったといえる。

一方、中国では、日本の首相の靖国神社参拝によって『菊と刀』が注目を集めている。この謎《なぞ》を解く鍵《かぎ》は、前述した「米国や日本の近隣諸国から注意深く監視」という米議会調査局の報告書の文言にあるのではないか。アジアの近隣諸国とアメリカの対日歴史認識は共通しており、対日包囲網の壁を突破して日本が国際的孤立を脱却するためには、その根底にある日本人に対する不信感、偏見、誤解を払拭《ふっしょく》する必要がある。

では、米中韓の偏見、誤解の原点である「占領軍の目」とは一体いかなるものか。それを明らかにするためには、連合国の対日占領文書に立ち返る必要がある。まず、アメリカを代表する人物の有名な次の三つの声明文に注目してほしい。

①日本人が理解する唯一の言葉というのは、私たちが日本人に対して原爆を投下することのように思えます。獣と接するときは、それを獣として扱わなければなりません。
②精神の再復興と性格改善が行われなければならない。まず、精神から始めなければならない。
③精神的武装解除は、日本に民主主義の自由な発達を要請することにある。

①は原爆投下に抗議したアメリカのキリスト教会連盟に対するトルーマン大統領の回答であり、②と③はミズーリ号で日本の降伏文書の調印を終えた直後のマッカーサー元帥とバーンズ米国国務長官の声明である。
アメリカ国務省文書によれば、対日占領政策の究極目的は「武装解除」にあり、これを長期的に保障する「精神的武装解除」のために「教育の民主化」を行うという占領目標を立て

た。「精神的武装解除」「性格改善」のための戦略的課題は、日本人の性格構造を分析し、「軍国主義」「超国家主義」を一掃することにあった。

ここではドイツのナチズムと日本の軍国主義・超国家主義が同一視されている。太平洋戦争は「文明」が「野蛮」を裁いた「正義の戦争」ととらえ、ナチズムに当たるのが、天皇信仰に基づく「国家神道」と考え、マッカーサーは「古くて、後ろ向きで、国の管理を受けている神道を徹底的に改革する必要がある」としたのである。

マッカーサーが、日本人には精神の復興と性格改善が必要だと考えた背景には、「近代文明の尺度で計ると、われわれが四十五歳であるのに対し、日本人は十二歳の子供のようなものだ。勉強中は誰でもそうだが、彼らは新しい手本、新しい理念を身につけやすい。日本人には基本的に思想を植えつけることができる。事実、日本人は生まれたばかりのようなもので、新しい考え方に順応性を示すし、われわれがどうにでも好きなように教育できるのだ」(米議会での公聴会における証言)という認識があった。

なぜマッカーサーは「日本人は十二歳の子供のようなもの」ととらえ、「性格改善」が必要と考えるようになったのであろうか。この疑問の答えが、アメリカのヴァッサー大学所蔵のルース・ベネディクト文書とイギリスのサセックス大学所蔵のジェフリー・ゴーラー文書の調査によって明らかになった。

ゴーラーはイギリスの社会人類学者で、ベネディクト著『菊と刀』の第十二章「子供は学ぶ」は、ゴーラーの論文「日本人の性格構造とプロパガンダ」を大幅に引用している。一九四四年十二月十六日、十七日に四十名の文化人類学者、精神分析学者、心理学者を集めてニューヨークで開催された太平洋問題調査会の臨時会議ではゴーラーが指導的役割を果たし、ここで「学問」の名において行われた日本人の性格構造分析がマッカーサーに決定的な影響を与えたのである。

ベネディクトはこの会議の議論を踏まえて「日本人の行動パターン」と題する論文（レポート二十五号）をOWIの要請で書いたが、この論文は、前述したゴーラーの論文「日本人の性格構造とプロパガンダ」と「極端な事例・日本」を一つにしてまとめた内容であった。

OWIは一九四二年六月、敵国の行動様式を研究して心理戦に応用するために大統領の直轄機関として創設されたが、ほかにも対日心理作戦を行った機関は複数存在する。その中に心理作戦部（PWB）がある。マッカーサーはPWBの責任者に、後にマッカーサーの軍事秘書官となって天皇訴追の回避に奔走したボナー・フェラーズを任命した。

フェラーズ著『日本兵の心理』によると「日本兵の心理とは、日本人の心理」であり、「愛国心と神道は不可分であり、国家的危機に際して、日本人にとって神道は純粋な形で驚異的な力となり、愛国心は他の国よりも大きな意味を持つ」という。彼は「天皇および日本国民と軍国主義者の間に楔《くさび》を打つ」必要があるとし、天皇の処遇について次のように指摘した。

天皇を退位させたり、絞首刑にしたら、すべての日本人はとてつもない厳しい反応を引き起こす可能性がある。日本人にとって天皇を絞首刑にすることは、われわれにとってイエス・キリストを磔《はりつけ》にすることに相当する。そのような事態になったら、日本人は死に物狂いで闘うだろう。結果として、軍国主義者の権力は限りなく強化され、戦争は過度に長続きすることにより、米軍の損失は計り知れないものになるだろう。

GHQ編『日本占領の使命と成果』によれば、CIE（民間情報教育局）の任務は「日本人の頭の切り替えと再教育」にあった。終戦に伴い、PWBは情報頒布部（IDS）と名称変更していたが、敵国の行動様式を研究して心理戦に応用することを任務としていたOWIとPWBの両ベテラン職員が集められてCIEが組織された。彼らが「日本人の頭の切り替えと再教育」に適任と考えられたためである。戦後の教育・宗教改革を担当したCIEの幹部は対日心理作戦に精通していた点に注目する必要があろう。

ベネディクトの「日本人の行動パターン」とこの論文を土台とした『菊と刀』は、対日心理作戦と戦後の占領政策を遂行するために書かれたという歴史的事実を見落としてはならない。

「文明の衝突」に屈しない力

東日本大震災に寄せた台湾人の和歌に、次のようなものがある。

・福島の身を顧みず原発に　去りし技師には妻もあるらん
・原子炉の修理に赴く男の子らの「後を頼む」に涙止まらず
・核廠《かくしょう》を自己の命も惜しみ無く　守り続ける日本精神
・原発にいざ立ち向かう武士たちよ　どうかご無事に生きてくだされ

これらの和歌は、福島第一原発の事故で放射性物質の漏洩《ろうえい》が発覚した後、五十人の作業員が現場に残り、自ら命をかけて事態収拾に奮闘した「フクシマ五十勇士」を称《たた》えるものであった。

「彼らは自分の命をもって武士道精神を示してくれた」と米ファイナンシャル・タイムズの中国語ウェブサイトにコメントした中国人留学生は、さらに次のように述べている。

「フクシマ五十勇士に代表される日本人は、主として五十歳以上の人たちだ」

「現代の若者は、日本の先人たちのような風を切って奮闘努力する開拓精神を失った。英語も勉強せず、外国を恐れている。何事も気にかけず、世界に対して関心を持とうともしない。留学や海外で仕事をすることにまったく興味がないどころか、尻込《しりご》みしているようだ。日本国内にいて、便利な交通、きれいな環境、犯罪率の低い社会と安易な生活に満足しており、アニメ、ゲームなどの娯楽に徹底的に蝕《むしば》まれた日本の『オタク』になってしまった」

「国際競争という世界の舞台では、すでに脱落したのかもしれない」

中国人作家の袁紅冰《えんこうひょう》氏の次の指摘はもっと厳しいものだ。

「桜は咲き続けているが、日本の武士道精神はすでに凋落《ちょうらく》してしまった。第二次世界大戦後、日本は魂のない国、経済的な機能だけの存在に堕落してしまったのだ。物欲だけにコントロールされる道をそのまま進めていくと、日本はいつの日か行き詰まり、滅びるだろう」

二〇一二年八月二十九日付の人民日報（海外版）によれば、同年七月末に東京で開催された「アジア大洋州地域及び北米地域との青少年交流（キズナ強化プロジェクト）」における中国青少年代表団との意見交換会において、中国側から「社会学を専攻する学生が必ず読まなければならない本に『菊と刀』がある。アメリカはこの本を通して日本文化を国民に伝えた。一冊の本で国民性をまとめたのは一局面であると思う。日本人としてこの本をどのように理解しているのか」という質問が出された。

これに対して、電通のソーシャル・ソリューション局のスーパーバイザー藤本旬氏は、「菊は天皇家の象徴で、刀は武士道の象徴。天皇に仕えるというのが日本の大切な概念。また、刀は武士道の精神・哲学を表している。明治時代までこの考えが強かったが、最近はアメリカやヨーロッパの合理的な精神の影響を受けて薄れてきている」と答えたが、一体どのくらいの日本人が、この質問に自信を持って答えることができるであろうか。

かつて明治期には、『武士道』『代表的日本人』『茶の本』に代表される日本独自の歴史・伝統・文化に関する著作が、外国人に正しく理解されるために英語で書かれた。グローバル人材の育成において求められているのは、日本の伝統的な精神や文化、歴史、日本人の国民性について、外国人に分かりやすく説明できる教養と能力を身につけた人材を育成することである。

また、グローバル・リーダーに必要な「ノブレス・オブリージュ」とは、単に「高貴なる者の義務」にとどまらず、人間本来のあり方としての倫理と普遍的な価値を含む日本人の生き方としての道徳を自覚し体現し実践することである。新渡戸稲造《にとべいなぞう》は「武士道は一言にすれば、武士階級の身分に伴う義務（ノブレス・オブリージュ）である」と述べているが、『武士道』を読んだ開成高校の生徒は次のような感想文を書いている。

「自国の伝統や脈々と受け継がれてきた精神を知らずに世界の第一線に出て行くことは恥ずかしいことだ。『武士道』にはこれまで培われてきた日本人の精神のすべてが詰まっている。これは日本人が日本人としての誇りを取り戻し、世界に胸を張って出て行くための必読の書だと思った」

「僕は誇りある日本人の一人として、『武士道』のいう名誉の掟《おきて》を精一杯守りたいと思う。たとえどんな状況にあろうとも、己を律すること厳しく、責任感を持って困難に立ち向かうことを厭《いと》わない人、どんな逆境の中でも自らの誇りと使命感を失わず模範的生を示す強い精神の持ち主でありたい」

「日本人は『武士道』にある克己を忘れることなく、言葉で自分の意思、考えを表現し伝えていくための新たな伝統を打ち立てなければならない時期にきていると思う。それによって国際社会での日本の立場を築いていけると信じている」(『高校生が読んでいる「武士道」』角川書店)

開成高校では国語の教材として『武士道』を読ませ、福井県では橋本左内《はしもとさない》が十四歳のときに書いた『啓発録』を同一年齢の中学二年生全員に読ませているという。こういった教育実践を全国に広げたい。

グローバル人材の育成について、政府の教育再生実行会議が二〇一三年五月二十八日に公表した第三次提言「これからの大学教育等の在り方について」は、「日本人としてのアイデンティティを高め、日本文化を世界に発信するという意識をもってグローバル化に対応するため、初等中等教育及び高等教育を通じて、国語教育や我が国の伝統・文化についての理解を深める取組を充実する。……また、日本文化について指導・紹介できる人材の育成や指導プログラムの開発等の取組を推進する」と明記している。

一般的に「グローバル化」は「世界の画一的平準化」ととらえられているが、グローバル人材の育成における「グローバル化」には「日本」という主体が必要不可欠である。二〇一〇年三月に東京大学が発表した「国際化推進長期構想」には「グローバリゼーションは、文字通り、世界がひとつに結ばれ、つながり、影響し合っていることを意味します」とあり、「日本」という主体が欠落している。主体性なきグローバル人材の育成によって、優秀な人材が無国籍化し、海外に大量流出する可能性が高まるのではないか。従来の「グローバル化」のとらえ方を根本的に転換し、文明論的な視点からとらえ直す必要がある。

各国が国益の維持や拡大に鎬《しのぎ》を削るグローバル化社会の中で、日本の文化を世界に発信していくという国家的な文化戦略に適ったグローバル人材とは一体いかなる日本人かということを、中国の『菊と刀』ブームは私たちに問いかけているのではなかろうか。

日本は東洋の文化を基本としつつ、西洋の文明も積極的に取り入れながら、日本独自の文化を築いてきた。アメリカの元駐日大使・ライシャワーも「日本の文化は単なる模倣の産物ではなく、極めて独創的なもの」と高く評価している。グローバル化が進む二十一世紀においては、ナショナル・アイデンティティを確立し、日本文化の価値を創造的に再発見、再評価する必要がある。

また、日本人は関係を重視する生き方を尊重してきた。家族との関係、社会との関係、国家との関係によって自らの行動を律する生き方が日本文化の特質であり、自律の精神を代表するものが武士道といえる。

『文明の衝突』の著者でアメリカの国際政治学者であるハンチントンは、世界の主要な文明の一つとして「日本文明」を挙げているが、グローバル化とは「文明の衝突」にほかならないという世界認識がわが国には欠けている。「文明の衝突」の結果生じている日本の歴史や文化、国民性に対する誤解や固定観念を払拭《ふっしょく》するためには、このような世界認識に立脚した国家戦略の視点から、日本文化を世界に発信する長期ビジョンを構想し、教育改革の最重要課題に位置づける必要があろう。

日本人の「国民性」のとんでもない誤解

『菊と刀』の著者であるルース・ベネディクトは日本に来たことがなかったため、英訳された多くの日本関係の書籍を読破し、アメリカ戦時情報局（ＯＷＩ）所蔵の日本映画を情報源として活用したことが、ベネディクト文書の研究によって明らかになった。しかし、自らが依拠した資料についての注記はごくわずかにすぎないため、『菊と刀』の立論の基盤となった資料を解明し、資料そのものについても考察する必要がある。

日本映画の収集作業は中央情報局（ＣＩＡ）の前身である戦略諜報《ちょうほう》局（ＯＳＳ）とＯＷＩを中心に、第二次世界大戦の極めて早い時期から広範囲に行われており、これが「国民性研究」のベースとなった。

連合国軍が日本映画をいかに重視していたかを如実に示すエピソードがある。それは一九四四年に開かれた太平洋問題調査会の臨時ニューヨーク会議で、戦時下の家族の関係性を描いた東宝映画『チョコレートと兵隊』（一九三八年）が上映されていること、さらに、同会議をまとめた文化人類学者のマーガレット・ミードの要請に応じて、シラキュース大学教授で滞日経験の長いダグラス・ハーリング教授が、日本人の情報提供者十二人のこの映画の感想についての詳細な報告書（一九四五年一月十一日付）を提出していることである。

同報告書には、「十二人の日本人を集めて、（劇中の）あらゆる身振り、感情表現を書き留めるように指示したが、彼らにとっては大げさであるか、日本人らしくない方法に思われたようである。感情表現はオーバーであるというより制約されているという感想が圧倒的であった。演技者は、日本の毎日の行動を演じるのではなく、荒っぽいハリウッド役者であった」とあり、映画から日本人の特徴を詳細にとらえようとしていたことが分かる。

ちなみに、佐藤武が一九三八年に監督した『チョコレートと兵隊』は、中国戦線に赴いた父が、チョコレートの包み紙に付いている懸賞の点数を集めている内地の息子のために、慰問袋に入っていたチョコレートの包み紙を集めるという新聞記事に基づいて制作された作品である。「米軍のためにプロパガンダ映画を制作し、戦後、占領軍による民主主義教化に最適な映画の数々を監督した」と目されていたフランク・キャプラは「こんな映画はわが国では十年に一本作られるか作られないかであろう」と高く評価し、「太平洋戦争史」の執筆責任者であるブラッドフォード・スミスもこの映画を見て感激し、ヒューマニズム映画の代表的作品であるとして、ＧＨＱの反民主主義映画禁止リストにこの映画は含まれなかったことを明らかにしている。

第二次世界大戦後にアメリカ軍が接収した日本映画のうち、主に劇映画はアメリカ議会図書館に、プロパガンダ映画やドキュメンタリー映画はメリーランド州カレッジ・パーク（筆者が大学院に留学していたメリーランド州立大学の所在地）の国立公文書館別館に保管されており、前者は一九六七年に永久貸与の形で日本の国立近代美術館に返還されているが、後者については返還されていない。

カレッジ・パークの国立公文書館別館は、ワシントンDCにある国立公文書館本館のアーカイブズIという呼称に対してアーカイブズIIと呼ばれており、戦時中に日本映画・日本文化に関する研究調査の中枢であったOSSの資料が残されているが、未整理・未調査に近い状態で、床から天井までの大型書架二基に保管されている。研究に必要不可欠な資料が多数あるが、全体像を解明するにはかなりの年月を要するであろう。

日本映画の接収は戦時の諜報活動の帰結であるとともに、戦後の対日占領政策の出発点でもあった。両者の連続性を解明することで、日本映画の接収が、GHQのウォー・ギルト・インフォメーション・プログラム（戦争犯罪情報宣伝計画）によって軍国主義者の戦争犯罪を強調した日本映画を推奨し、戦争贖罪《しょくざい》意識を日本人に植えつけようとした占領政策にどのようにつながっていったのかを明らかにすることが、今後の研究課題である。

メリーランド州立大学のマーリン・メイヨー教授によれば、ジェフリー・ゴーラーが日本映画の分析に着手した一九四二年から一九四三年にかけて、ＯＷＩの海外諜報局では劇作家ロバート・シャーウッドと詩人アーチボルド・マクリーシュを含むスタッフが、日本の教育システムの詳細な分析を行い、占領後の日本の教育改革について提言していた。一方OSSでも、日独占領のためのハンドブックに収録される教育に関する章が同時期に執筆されており、対日占領教育政策をこの段階で射程に入れて、OWIとOSSの諜報活動、日本映画の分析が行われていたことに注目する必要があろう。

人類学者であるピーター・T・スズキの論文「戦時ワシントンにおける日本映画の分析」(一九九五年)によれば、ベネディクトらの日本研究はその分析用語など多くの点で、真珠湾攻撃直後から着手されたOSSの日本映画研究に依拠しており、またゴーラーの二つの論文「日本人の性格構造とプロパガンダ」と「日本映画におけるプロパガンダとプロパガンダに対抗する提案」が基盤となっている。

筆者が二〇一二年十二月に調査したアメリカのヴァッサー大学所蔵のベネディクト文書では、ゴーラーの「日本人の性格構造とプロパガンダ」の第三章「プロパガンダと日本人」は黒塗りされて削除されていた。翌年二月に調査したイギリスのサセックス大学所蔵のゴーラー文書にこの「機密文書」が保管されており、「戦時中に敵国に向けられるプロパガンダ」の短期の目的は、①軍事的な混乱を生み出すこと、②軍の間で〝戦闘心〟を失わせ、市民の間で戦闘を支持する気持ちを少なくさせること、③国内的な分裂を起こすこと、④対戦国と軍事的に同盟関係にある国との間に分裂を起こすことにあったことが分かる。

ＯＷＩの対日心理作戦ハンドブックの冒頭には「日本人の国民性に関する覚書」が掲載され、プロパガンダとは「相手の考えや行動を支配するための手段である」「相手の思考過程に影響を与えるのみではなく、アイディアをその思考の中に微妙に組み込んでしまうこともできる無形の戦略である」と明記されている。この「敵の精神に打撃を与える無形の武器」として日本人の「国民性研究」に取り組んだ点を見落としてはならない。この研究のためにベネディクト、ゴーラー、ミードらのようなアメリカおよびイギリスの文化人類学者が集められ、研究調査そのものが対日心理作戦用に立案された。

ベネディクトは、ＯＷＩが「侵略戦争」の背景にある日本人の「国民性」の矛盾を解明し、対日心理作戦や占領目的達成に役立たせるために、「国民性研究チーム」の一員として任用された。一九四四年六月から日本研究を始めたベネディクトに大きな影響を与えたのが、ゴーラーの論文と、前述の「日本人の性格構造」をテーマとする太平洋問題調査会の臨時会議であった。マッカーサーが「日本人の精神年齢は十二歳」と指摘したのも同会議の影響であった。

ベネディクトはかねてから、文化は「スクリーンに大写しされた個人の心理状態」と評し、またゴーラーは日本人の二面性の矛盾を一覧表で例証していた。そしてその根底に乳幼児期の厳しい用便の躾《しつけ》（神聖なものとされている〝ふとん〟を便で汚すことは子供の最大の罪と見なされ、過度の躾と罰によって行われる徹底したトイレット・トレーニング）があり、それが子供たちに不安感や恐怖感などの精神的外傷を与える、という極論がすべての日本人に当てはまるものとして広く受け入れられ、共通理解として定着するに至ったのである。その結果、日本人の国民性の定義として、①原始的、②幼稚・未熟で、少年非行や不良の行動に類似、③精神的・感情的に不安定で、「集団的神経症」という偏見に満ちた単純なレッテル貼りが行われ、日本の伝統的子育て法がこのような日本人の国民性と侵略戦争の原因となった、とされたわけである。

驚くべきことに、このようにゆがんだ偏見と誤解に満ちた「日本人の国民性」についての共通理解が、四十人を越える著名な専門家を集めた太平洋問題調査会のニューヨーク会議で同意されたのである。同会議に招聘《しょうへい》されたのは、戦時活動および戦後計画策定の両方に有効に貢献する学者や政府関係の専門家などで、招聘者が事前に書面で提出した提案に基づいて問題点が作成され、出席者に配布された。また日本人兵士の日記の回覧と、前述した映画『チョコレートと兵隊』の上映があり、それらを踏まえて議論が行われた。

会議の調整役を務めたミードから詳細な問題提起を要請されていた歴史家のフランク・タンネンバウムは、会議において「グループ内なら安心感を抱き、その外では完全な個人的不安感を覚える日本人の典型的な不良仲間心理」と強調した。そして、この会議で回覧された日本人兵士の日記と二日間の討議を踏まえ、日本人とアメリカの不良少年の性格構造における類似点を二十八項目に及ぶ一覧表にまとめている。

また、精神分析学者アイヴィス・ヘンドリクスは、日本人には青年期の未熟性があり、態度や情緒的反応が人によって異なり、幻想に陥るなど人格形成が未熟であると述べた。その原因として、子供は七歳まで偏愛されるが、その後突然、義務や責任を厳しく躾けられることにある、と指摘し、ミードも日本の青年の気質は意識的に体制に順応することが普遍的な特徴である、と同意している。

シラキュース大学のハーリング教授は、プロパガンダとして日本人の義理の概念を利用して、日本人を扱う方法として儒教的家族関係である兄弟の関係を利用できないかと提案した。精神分析学者のミルトン・エリクソンは「日本人患者を催眠術にかけるときに、兄の関係と似たテクニックを使う」と指摘し、同じく精神分析学者のトーマス・フレンチも「兄弟関係は潜在的に建設的な方法」と同意したが、ゴーラーは「われわれが日本人を弟と考えなければ、日本人がわれわれを兄と考えることは期待できない」と主張した。

この兄弟関係をめぐる議論は続き、精神分析学者のアーンスト・クリスは、「もしアメリカが兄の役割を果たすなら、プロパガンダによって日本人を人間以下とイメージさせ続けることはふさわしくない。このことが友好関係を築くことを難しくしている」と指摘する。それに対してベネディクトは「無条件降伏と引き替えに日本人に知識を提供することができるのではないか」と、日本人の特性である知らないことへの恐怖心に訴えかけることを提案し、「平和を得るためには、お互いが愛し合う必要などない」と言い放った。

また、精神分析学者ヘンドリクスは「国民の性格構造の違いは人間の発達段階によって異なり、日本人の集団の段階は少年期に特有の発達段階」と指摘（これがマッカーサーの「日本人の精神年齢は十二歳」発言の根拠）し、さらにハーリング教授は「神経症患者（ノイローゼ）」が日本人の特徴と指摘した。日本人を「集団的神経症」「強迫観念」と特徴づけた研究者が多かったが、アメリカ人も同じではないかとの反論もあった。

このような議論を経て、「日本人は精神的に未熟」の根拠となる日本人の行動パターンは、クリスが指摘した「信念のない順応」にあることが同意され、参加者の共通認識となった。会議の議事録は、討論内容を次のように要約している。

最も目立つ新しい洞察は、日本人の性格構造とわれわれの社会の青年に特有な行動との比較であった。この比較は、日本人をよりよく理解するための体系的な研究方法として、われわれの社会の個々の青年心理および不良少年たちの行動に関する知識を援用することを可能にする。

「日本人の性格構造」分析会議

「日本人の性格構造」をテーマとする太平洋問題調査会のニューヨーク会議（一九四四年十二月十六〜十七日）は、対日占領教育政策に決定的な影響を与えた。ここでは、二〇一三年九月にコロンビア大学のバトラー図書館で発見した同会議の文書に基づき、同会議で議論された論点について詳述し、さらに戦後の日本の教育政策、特に男女共学がどのように日本に誕生したのかを見ていきたい。

同会議の議論を主導したのは、文化人類学者七名と精神分析学者十二名であったが、タルコット・パーソンズ（社会学者）は「日本の文化パターン」や「日本の社会構造に関する概観」と題する講演を行い、次のように指摘した。

日本人が身につけている安全感や安定感は、文化的に規定された集団生活のパターンに適合しているか否かにかかっている。これはわが国の青年たちの行動パターンである大勢順応主義（コンフォーミズム）に類似している。もし、このパターンの体系が崩れることにでもなると、行動の結果は混沌《こんとん》としたものになるだろう。

会議は精神分析学者による日本兵の日記の分析から始まり、日記を根拠にアメリカ人の「青年期」の特徴である「確信なき同調性」「大勢順応主義」が日本人一般の特徴であるととらえ、文化人類学者マーガレット・ミードは「アメリカでは青年層に限定されるこの特徴が、日本では社会全体に行き渡っている」と明言した。

精神分析学者のアイヴィス・ヘンドリクスは「国民的な性格の差は、人間の発達段階の差である」として、日本文化は「後進的」な段階にあると主張したが、日本人の国民性、日本文化は「未成熟な青年期的」特徴を持つというのが、人類学者、精神分析学者の共通認識となった。そして、幼少期の用便の厳しい躾《しつけ》（トイレット・トレーニング）が日本人の国民性の形成要因と見なされた。それはトイレット・トレーニングによって植えつけられた不安感、恐怖感がトラウマとなって「集団的な強迫観念」にとらわれるようになり、それによって日本人の「侵略的性格」が形成されたと主張するジェフリー・ゴーラーの説に基づくものであった。

このような精神分析的手法の絶対化に批判的な文化人類学者もいた。ハーバード大学のクライド・クラックホーンは、後に幼少期の特徴だけで国民性と断定するゴーラー的な方法論を批判し、「歴史のスコット・ティッシュ的解釈」と揶揄《やゆ》し、文化人類学者のルース・ベネディクトも精神分析的方法の多用には批判的であった。

会議出席者の多数を占めたのが精神分析学者であったため、幼少期の用便の厳しい躾を重視するアプローチが多数派を占めたが、文化多元主義の立場から文化的寛容を重視するアプローチ、歴史的な背景を重視するアプローチもあり、日本人の国民性の特徴をどうとらえるかについてのアプローチの仕方に相違が見られた。

同会議では、日本人の集団意識と天皇崇拝が一体化していることが重視された。ベネディクトは天皇と政府と国民の間に独特な関係があることに注意を促し、日本政府が失政のために交代せざるをえなくなると、必ず「天皇の聖旨を実行できなかったから」という理由を挙げた点を指摘した。

日本の軍国主義を専門的に研究したジョン・マキは、「天皇の聖旨を安んじ奉る」のが日本人の義務であるという考え方は日本政府が意図的に注入したものであり、日本人は身内とよそ者を峻別《しゅんべつ》し、異民族は「劣等なよそ者」として軽蔑《けいべつ》され、「潜在的な敵」と見なされる、と主張した。

このように、集団主義、権威主義、排外主義が三位一体となった形の意識構造が、日本人の侵略戦争の心理的・精神的原因ととらえられ、この意識構造が日本の敗戦によってどれだけ変わりうるのかが議論された。

精神分析学者のトーマス・フレンチは、兄弟関係の観念を利用し、アメリカが日本に対して長兄のごとくふるまうことによって、日本人の伝統的な序列意識を利用して戦後処理を円滑に進めることを提言し、ベネディクトもこれに同意した。
さらに日本の戦後処理にあたって日本の伝統的な精神風土を利用すべきか、その解体をめざすべきかということが議論され、鋭く意見が対立した。また、日本の侵略戦争の文化的原因のとらえ方や、敗戦が日本の文化に与える影響のとらえ方についても評価が対立した。対立の背景には、人類学上の方法論的な差異も影響したが、利用した資料の差異も重要であった。
ベネディクトは来日経験がないため、日本人捕虜や在米一世などの証言や日記を利用したが、戦前の一年余にわたって熊本県の須恵村に滞在し、『日本の村——須恵村』を著したアメリカの社会人類学者ジョン・エンブリーは、戦争の原因を個人の行動のパターンから説明することは不可能であり、社会経済的分析によって解明すべきで、日本の文化的特徴を個人の心理や行動パターンから推定する方法に問題があるとして、次のように指摘した。

行動のパターンは、特定の文化の下にある個人が個別の社会的文脈においてとるであろう行動を予測する上では助けになるが、それは、民族が戦争に突入したり、平和を維持したりする原因となったり、その理由を説明したりできるものではない。

ベネディクトは日本の捕虜と在米一世の証言などを根拠に、日本文化の第一の特徴は「階層制度に対する信仰と信頼」にあり、階層制度は「性別と世代の区別と長子相続権とに立脚した」形で「家庭生活の根幹」になっており、「日本人は誰でもまず家庭の内部で階層制度の習慣を学び、そこで学んだことを経済生活や政治などのもっと広い領域に適用する」として、日本の社会全体に「下は賤民《せんみん》から上は天皇に至るまで、誠に明確に規定された形で実現された封建的な時代の日本の階層制度」が「深い痕跡《こんせき》を残している」と主張した。

このようなベネディクトの考えは、アメリカの最高政策決定機関であった国務・陸軍・海軍調整委員会（ＳＷＮＣＣ）に受け継がれ、一九四六年八月に「日本教育制度の改訂のための政策」として承認され、日本人再教育計画として位置づけられた。

「日本教育制度の改訂のための政策」は、戦前の教育制度の欠陥の一つに、良妻賢母を目的とした教育などにより女性は教育水準が低く、高い社会的地位につけなかったことにあるとして、性別にかかわりなく平等の教育機会が与えられることが第一の目標であるとしている。後にＧＨＱの民間情報教育局（ＣＩＥ）が主導して制定された教育基本法の「男女共学」条項は、戦前の男女差別や教育機会の不均衡が軍国主義の原因であるとして、日本人の民主化のための「再教育・再方向づけ」政策として位置づけたものである点に注目する必要がある。

同性愛者であったと指摘されているルース・ベネディクト、マーガレット・ミードらの思想的影響が戦後教育に最も顕著に見られるのはジェンダー（文化的社会的性差）の視点であり、同条項をめぐるアメリカ側の主張にその影響がうかがわれる。

これまで教育基本法は日本人が「自主的」に制定したと言われてきたが、実際にはCIEが米国教育使節団報告書の枠内で、内閣に設けられた教育刷新委員会のリベラル派の進歩的文化人を背後から巧妙にリモートコントロールしつつ、CIE、文部省、教育刷新委員会の第三者による「連絡委員会」を通して、表向きは日本人の「自主性」を尊重しつつ、対立点については最終的にはCIEと文部省のトップ会談によって決定された。その代表例が「男女共学」についてであった。

男女の特性を認めた上での「女子教育」の向上を主張する文部省と、「男女共学」の導入に固執するCIEとが激しく対立した。CIE教育課の女子教育担当官アイリーン・ドノヴァンは米国教育使節団に対して、日本の教育においていかに女性が差別されてきたかを詳細に講義するとともに、日本各地の指導的な女子教育者をリストアップし、男女共学を推進する協力者のネットワーク化に努めた。

CIE教育課は一九四六年八月二十九日、「男女共学」の推進を決定し、九月四日には日本側にその方針を伝え、必要な措置を取るよう求めた。これを受けて九月二十日、教育刷新委員会の第三回総会で田中耕太郎文相は教育根本法に「女子教育」を含むことを明らかにした。

これは女子教育の振興、男女相互の理解・尊重の観点に立つもので、関口隆克（文部省大臣官房審議室長）によれば、文部省内に、母性を持つ女性は本能的に平和を愛するために、女子教育は重視されなければならないという意見があったからだという。「女子教育だけ出されると、ちょっと何だか一段低いもの、ここに取り扱われるぞ、という気がして仕方がないのです」という河井道（教育刷新委員会委員）の反対意見に対して、教育の機会均等の中に包含しないで別立てにする文部省の立案の趣旨について、関口は「女子の取扱いというものが余りにも低かった、そういう欠陥をこの際是正するという意味で、寧《むし》ろここにはっきりうたった方がよいのではないか」と説明した。

民主主義の原則として男女共学を勧告する米国教育使節団報告書と文部省との考え方の隔たりは大きく、十一月十五日と二十二日に開催された教育刷新委員会総会でも、女子教育の振興は必要だが、男女共学の規定は必要ないというのがコンセンサスであった。

十一月十四日に提出された第一次「教育基本法要綱案」には男女共学について明記されていなかったため、CIE教育課は協議し、「男女共学の達成は期待できない」として拒否した。

十一月二十一日のCIEと文部省との会議に提出された「〈女子教育〉男女はお互いに敬重し、協力し合わなければならないものであって、両性の特性を考慮しつつ同じ教育が施されなければならないこと」と書かれた第二次案に対して、CIEは「女性に対するあらゆる形態の差別を容認する表現となっており、第一次案よりも改悪されており、非民主的で認めがたい」として書き直しを求めた。

「両性の特性を考慮」することが女性に対するあらゆる形態の差別を容認する表現で、非民主的で認めがたいという理由で書き直しを求められ、削除されたことは不当な圧力といわざるをえない。男女の特性は本来的に異なるものであり、男女の特性を区別して活かし合い、補い合うことと男女を差別することは、根本的に異なることである。CIEの不当な圧力によって「両性の特性を考慮」するとの表現が削除されたことは、後に「男女共同参画」教育とジェンダーフリー教育との混同を招来する禍根を残したといえる。

そして十一月二十五日、両者が第三次案について検討し、「原則として男女共学は望ましいことであるが、義務とすべきではない」という意味の英文で合意した。しかし、この英文を日本語にするのは難しいので、十一月二十九日、CIEと文部省がそれぞれ日本語案を持ち寄って比較検討した結果、CIEの日本人通訳の高橋昇氏が和訳した「すべての女性はそれゆえ今後男性と同様の教育特権を享受すべきである。男女共学の価値と原則が認識され、承認されるであろう」という表現が男女共学の理念を明確に表していることが確認された。

その結果、十二月二十一日の文部省案に初めて「男女共学」が明記され、最終的に教育基本法の第五条「〈男女共学〉男女は、互いに敬重し、協力し合わなければならないものであって、教育上男女の共学は、認められなければならない」という表現になったのである。

偏見のプロパガンダが事実になるとき——戦後史を研究する意味

二〇一四年十一月に開催された国士舘大学の東京裁判国際シンポジウムにおいて、東京裁判と深い関係にあるGHQの「戦争犯罪情報宣伝計画」について第一次史料に基づいて口頭発表させていただいた。この史料は、江藤淳氏と筆者がアメリカの膨大なGHQ文書の中から発見し、江藤氏は『閉された言語空間』（文藝春秋）で、筆者は『検証・戦後教育』（モラロジー研究所）と『歴史の喪失』（総合法令出版）、『歴史教育はこれでよいのか』（東洋経済新報社）で詳述した。

ところが、インターネット上の百科事典とされる「ウィキペディア」には、このころ「文芸評論家の江藤淳が『閉された言語空間』（一九八九年）において、この政策の名称がGHQの内部文書に基づくものであると主張し、江藤の支持者らが肯定的にこの名称を使用している。しかし、この内部文書そのものは江藤らによって公開されておらず、実在するかどうかは明確ではない」と書かれていた。

この文書は国立国会図書館所蔵のGHQ／SCAP文書目録の第二巻「CIE／民間情報教育局」のマイクロフィッシュ二枚（Box no.5096）に収められており、誰でも見ることができる。このCIE文書の主題欄に“war guilt information program”（「ウォー・ギルト・インフォメーション・プログラム」、以下、WGIPと略称）と明記されている。明星大学は創立二十周年記念事業として、このCIE文書の全マイクロフィッシュ（約三万枚）を購入し、明星大学戦後教育史研究センターで所蔵している。

過日、同センターに来られた関野通夫氏にその中の三十九頁に及ぶ関係文書のコピーをお渡ししたところ、月刊誌『正論』二〇一五年五月号に「米占領軍の日本洗脳工作『WGIP』文書、ついに発掘」と題する関野氏による論文が発表され、驚いた。しかも基本的なミスが目立った点も気になった。

それは一九四五年十二月二十一日にCIEのダイク局長が他の局長に宛《あ》てた覚書を、関野氏は「オーストラリア軍准将からCIE局長あての文書」と誤読した解説をしていることである。専門家なら誰でも知っているダイク局長についての知識がないために、“Brig. General, AUS”という肩書きを「オーストラリア軍准将」と誤訳してしまったのである。“AUS”はオーストラリアではなく、“Army of the United States”すなわち「米国陸軍」の略語である。

もう一つの間違いは、覚書の宛名は“Section Chiefs”と複数になっているから、ダイクCIE局長以外の他局の局長宛の文書であるのに、その点に気づかなかったために、「CI

Ｅ局長宛の文書」と解説してしまい、発信者であるダイクＣＩＥ局長が自分自身に宛てた文書という奇妙なことになってしまう二重の過ちを犯してしまったのである。

しかし、専門家でない関野氏を一方的に責めるのは酷であろう。誰でもこうした間違いはあるからだ。関野氏の熱意によってＷＧＩＰの第一次史料の存在が多くの人々に知られるようになったことは喜ばしいことであり、素晴らしい功績として評価したい。むしろ問題なのは、本人も戸惑っておられるようであるが、「ついに発掘」というようにセンセーショナルに扱うマスコミ界の読者の注目を集めんがための過度の宣伝に走る風潮である。

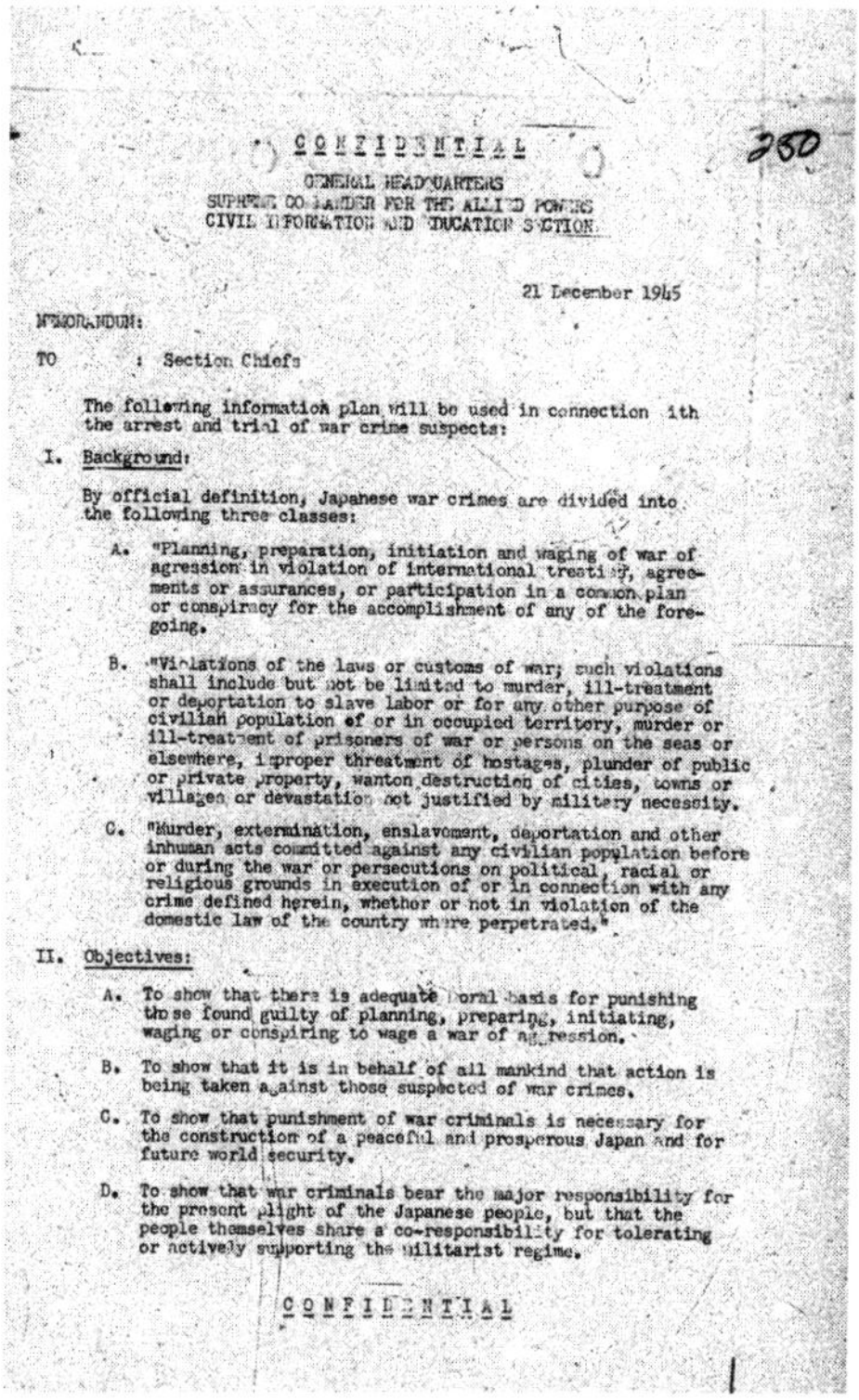
C O N F I D E N T I A L

GENERAL HEADQUARTERS
SUPREME COMMANDER FOR THE ALLIED POWERS
CIVIL INFORMATION AND EDUCATION SECTION

280

21 December 1945

MEMORANDUM:

TO : Section Chiefs

The following information plan will be used in connection with the arrest and trial of war crime suspects:

I. Background:

By official definition, Japanese war crimes are divided into the following three classes:

A. "Planning, preparation, initiation and waging of war of agression in violation of international treaties, agreements or assurances, or participation in a common plan or conspiracy for the accomplishment of any of the foregoing.

B. "Violations of the laws or customs of war; such violations shall include but not be limited to murder, ill-treatment or deportation to slave labor or for any other purpose of civilian population of or in occupied territory, murder or ill-treatment of prisoners of war or persons on the seas or elsewhere, improper threatment of hostages, plunder of public or private property, wanton destruction of cities, towns or villages or devastation not justified by military necessity.

C. "Murder, extermination, enslavement, deportation and other inhuman acts committed against any civilian population before or during the war or persecutions on political, racial or religious grounds in execution of or in connection with any crime defined herein, whether or not in violation of the domestic law of the country where perpetrated."

II. Objectives:

A. To show that there is adequate moral basis for punishing those found guilty of planning, preparing, initiating, waging or conspiring to wage a war of aggression.

B. To show that it is in behalf of all mankind that action is being taken against those suspected of war crimes.

C. To show that punishment of war criminals is necessary for the construction of a peaceful and prosperous Japan and for future world security.

D. To show that war criminals bear the major responsibility for the present plight of the Japanese people, but that the people themselves share a co-responsibility for tolerating or actively supporting the militarist regime.

C O N F I D E N T I A L

ＷＧＩＰの原史料（米国立公文書館所蔵ＣＩＥ文書）

ＷＧＩＰの成立過程の源流は戦時情報局（ＯＷＩ）文書やその中

部太平洋作戦本部長であったブラッドフォード・スミス文書、戦略諜報《ちょうほう》局（ＯＳＳ）の心理作戦部長のボナー・フェラーズ文書にまでさかのぼる必要があり、関野氏が紹介した文書はＷＧＩＰ全体のほんの氷山の一角にすぎない。

かつてのＮＨＫのテレビ番組のタイトルのように「その時歴史が動いた」と言えるような劇的な史料を発見することは極めてまれであり、気の遠くなるような研究調査の積み重ねを忍耐強く続けるしかないと肝に銘じている。これはＣＩＥ文書二百四十万頁の筆写を三年間、ダンボール箱十箱分以上続けてきた筆者の実感である。

亜細亜大学の東中野修道教授も「南京大虐殺」に関する第一次史料に丹念にあたる地道な研究調査に取り組まれ、ブラッドフォード・スミスが一九四二年にコミンテルン（国際共産党）の外郭団体「アメリカのシナ人民友の会」の月刊誌『アメラジア』(Amerasia) 三月号に寄稿した「日本精神」、同四月号に寄稿した「日本――美と獣」という論文に「レイプ・オブ・南京」について言及した箇所が三か所あることから、彼が「南京大虐殺」は「近代史最大の虐殺事件」として東京裁判に起訴した中心人物と推論している。

「南京大虐殺」を最初に強調したのは、ＷＧＩＰの第一段階として全国の新聞に連載され、子供たちに教えることを強要された、英文で書かれた「太平洋戦争史」であった。「太平洋戦争史」は南京で「近代史最大の虐殺」が起きたことを強調し、一九四六年四月二十九日の

Ａ級戦犯の起訴状発表と五月三日の東京裁判開廷に間に合うように、四月五日に出版された。その陣頭指揮を執ったのはＣＩＥの初代企画作戦課長ブラッドフォード・スミスであった。

ＣＩＥにとっては、東京裁判の裁判長などの関係者と緊密に連携し、東京裁判について日本の報道機関にどのような情報を流し、いかに活用するかがＷＧＩＰのメインテーマであった。ＣＩＥのＷＧＩＰ関係文書には、ＣＩＥは広島、長崎への原爆投下が「虐殺行為」と批判されることを恐れて、その対策として、「進歩的でリベラルな団体に整備の推奨」や、労働団体や教育界などの「影響力のある編集者や指導者との定常的な連絡を保つこと」等の方法を明記し、その報道機関の一つとして朝日新聞のみ具体的に名を挙げている。

このようなＣＩＥの意向を受けて朝日新聞社の嘉治隆一出版局長が、一九四八年九月の社報で部下に警告する文書を掲載したことが、以後の朝日新聞社の方針となった。

　自由になった検閲制度の下にわれわれが執筆し、編集する場合にも、やはり各自の心に検閲制度を設けることを忘れるならば、人災は忽《たちま》ちにして至るであろう。事後検閲は考えようによれば、自己検閲に他ならぬわけである。

ブラッドフォード・スミスは一九三一年から一九三六年まで立教大学と東京大学で日本の

学生に英語を教え、英米の文学と文化について講義した。

一九四一年七月にアメリカは情報調整局（ＣＯＩ）を設立し、同年十二月から翌年六月にかけて、対日心理戦略すなわち「日本計画」を準備した。同年六月にＣＯＩは戦略諜報局（ＯＳＳ）と戦時情報局（ＯＷＩ）に分かれ、一九四二年から日本および日本人研究がアメリカで集中的に行われるようになった。

ブラッドフォード・スミスは一九四二年に創設された米戦時情報局の中部太平洋作戦本部長になり、プロパガンダ作戦を、九十人の専門家や執筆陣を率いて、日本の敗戦まで陣頭指揮した。

彼が書いた二つの論文と、同年に書かれ、「日本計画」の基礎となったジェフリー・ゴーラーの論文「日本人の性格構造とプロパガンダ」と一九四六年に書かれたルース・ベネディクトの『菊と刀』には共通する問題意識がある。それは日本人の国民性の矛盾する二面性に言及していることである。ブラッドフォード・スミスの「日本精神」では、神道、皇道、武士道が日本人の心の支柱ととらえ、「いかにして軍国主義が日本の国民を完全に支配することになったのか……日本人が、それも個人としてはしばしば最も礼儀正しく最も洗練された人が軍隊の指揮下に入るとどうしてこうも野蛮人になるのか」と問いかけ、次のように述べている。

単純素朴で原始的な信仰の宝庫が日本の強さの源泉なのである。これは日本人は文字どおり日本の国土を作った神々の子孫であると日本人に教えているからだ。これが学校教育の基本であり、神聖なる天皇という信仰の基本原理なのである。……神話の信仰こそ危険な爆薬と判明する。

彼はヒトラーのアーリア人優越主義と日本の国家神道を同一視し、「国家神道には何の道徳的原則もない」として、その根底にある「国生み神話」について、「国生みの論はあまりに馬鹿《ばか》げており、……性的に活動的な神々から次々と神が生まれていくとはあまりにも幼稚で、考慮にも値しない。人が人にどうふるまうべきか、その規範もない」と厳しく批判し、次のように結論づけている。

日本はヒトラーが台頭するはるか以前からファシスト体制にあり、そのルーツは深く母国の温床に根差している。不合理な人種上の神話に基づく狂信的なナショナリズム……日本精神は時代錯誤である。……あらゆる個人の権利を排除しながら、日本精神は軍国主義国家の意思に身を任せている。

また、論文「日本――美と獣」では、「郷里では家族を愛する従順な人々なのに、南京に雪崩《なだ》れ込んだときは冷酷な野蛮人――このように全然一致しないのである。同じ人間が、生活が芸術であるような世界を創り、殺人と残虐行為とが大混乱を生み出すような別世界をも、どうすれば創り出すことができるのか。その答えは私たちが対処せねばならない敵の本質を知る上で重要である」と述べ、「レイプ・オブ・南京」の歴史的背景は、日本の「首狩りの習慣」すなわち『古事記』のわが子の首を打ち落とす神話にあるという。彼によれば、『古事記』は倫理的内容のない馬鹿げた作品であり、正義や道義という観念は日本人にはまったく欠落しているという。

そして、日本人を背後から突き動かしているのは日本人の人種的な背景であり、次の九つの要因であるという。

(一) 家族と国家的忠誠に限定される道徳教育
(二) 日本人を他の人間と区別し引き立てる独特な神聖観
(三) 精神病的な劣等感
(四) 個人主義に対する憎悪と恐怖
(五) 人命の有する価値の無視

（六）放埒《ほうらつ》な性行動
（七）首斬りという背景
（八）締め付けるような社会的制約からの解放
（九）崇敬に値するような倫理的精神的原則に基づく宗教作品の欠落

彼は「日本では男性の性的行為に対する倫理が完全に欠如している」と断じ、「男根崇拝を象徴する物体が見られるし、性的に過度に発達した醜い女の半身像が多くの店頭に立っている」ことが立証している神道の原始的信仰が、「日本軍のシナにおける女性に対する残忍な攻撃」の源泉と見なしており、さらに次のようなエピソードを紹介している。

忠実な妻は夫が一杯か二杯飲んで吉原に行くと決めると、夫が道楽を終えて無事に帰宅するかを見届けるためにしばしば夫に付いていくと、私は確かな筋から聞いたことがある。

このような日本男性に対する偏見は、「日本人の性格構造とプロパガンダ」を書いたジェフリー・ゴーラーと酷似している点が極めて注目される。二人に接点があるかは今後の研究課題であるが、ブラッドフォード・スミスとゴーラー、ベネディクトの論文の影響関係について検証したい。

さらに、ブラッドフォード・スミスは一九四五年の『新潮』十一月号に「日本の知識人に寄す」を寄稿、一九四八年には『Americans from Japan』を出版、一九四九年には野坂参《のさかさん》三《ぞう》が陣頭指揮した延安での日本兵捕虜洗脳教育をモデルとして『武器はうるはし』(文章社)を出版し、同書の冒頭に「この物語の人物は、架空のものであるが、状況は、この書の最後の数章をも含めて、多くの実例の通り、中国で実際に起こった事実によるものである」と明記している。一九五〇年には"Treasury Department Award of Merit"を受賞した。一九五七年には夫人と共に"Shipboard Educational Program to Japan"の指導者を務め、翌年に『Why We Behave Like Americans』を出版した。

同書はアメリカの政治、産業、経済、教育、文学、芸術、風俗、習慣など各方面にわたって研究したユニークな書物で、邦訳は『アメリカの文化と国民性』(北星堂書店)として一九七〇年に出版された。また、『リーダーズ・ダイジェスト』や『サタデー・イーヴニング・ポスト』にさまざまな記事や短編小説を寄稿し、児童読み物を書いたが、一九六四年に他界した。

ブラッドフォード・スミスの個人文書はUCLAのCharles Young Research Library に保存されている。

第二章　ウォー・ギルト・インフォメーション・プログラムの策定経緯

戦争犯罪キャンペーンの始まり

二〇一三年七月二十七日に公開された映画「終戦のエンペラー」は、日本人必見の映画である。私は日本での公開に先立って、アメリカ滞在中に三月十三日付ニューヨーク・タイムズが写真入りで大々的に報じた記事を読み、翌日、この映画をニューヨークで見た。

同映画に登場する関屋貞三郎宮内次官の孫に当たる奈良橋陽子がプロデューサーとして企画し、その息子の野村祐人が共同プロデューサーを務めるという異色のハリウッド映画として注目された。

基本的には史実に基づいて制作されているが、フィクションも多く、主人公であるボナー・フェラーズ准将（マッカーサーの軍事秘書官）に関する重要な史実が映画では紹介されていない。この史実について本論に入る前に補足しておきたい。

フェラーズは一九七一年、日本政府から勲二等瑞宝章を贈られたが、叙勲推薦書には、彼は「わが国天皇の大恩人」であり、皇太子殿下（現在の天皇陛下）の家庭教師として「バイニング女史を推薦して殿下の御教育に貢献した」などの叙勲理由が書かれている。

一九四六年一月二十五日にマッカーサーがアメリカ陸軍省宛に送った極秘電報によって、

昭和天皇を戦犯として裁かないという決定がなされたことはよく知られているが、その電報の下敷きとなったのは、フェラーズのマッカーサー宛の覚書（一九四五年十月二日と同四日付）であったことはあまり知られていない。

フェラーズの覚書がいかにマッカーサーの電報に影響を与えたかは、双方の内容を比較してみれば一目瞭然《いちもくりょうぜん》である。まず、一九四五年十月二日付のフェラーズからマッカーサーに宛てた覚書の主要部分を抜粋してみよう。

戦争犯罪人として天皇を裁判にかけることは不敬であるのみならず、精神的自由の否定となるものであろう。……政府関係者の最上層の信頼しうる筋によれば、戦争は天皇が自ら起こしたものではない確証がある。天皇は、東條（英機）が利用したような形で「開戦の詔書」を、使わせるつもりはなかったと述べている。……天皇を大いに利用したにもかかわらず、戦争犯罪として彼を裁くならば、それは、日本国民の目には裏切り行為に等しいものと映るであろう。そのうえ、日本人は、「ポツダム宣言」で示した無条件降伏には、天皇を含む国体の存続を意味するものと考えている。

もし天皇を戦争犯罪人として裁くようなことがあったら、統治機構は崩壊し、全国的反乱は避けられないであろう。国民は、それ以外の屈辱ならばどんな不満にも耐えるであろう。日本人は武装解除されているにせよ、混乱と流出が起こり、大規模な派遣軍と数千人もの行政官が必要となるであろう。占領期間は長引き、そうなれば、占領軍は日本人の信頼を失うことになるであろう。（岡﨑匡史『日本占領と宗教改革』）

また、この二日後に出された覚書には、「天皇を戦犯として裁判に付せば、日本全国に暴動は必至である。……もし天皇を廃せば全国的暴動が必至であって、特別警備区以外の白人は暗殺を免れない」と書かれている。これらの覚書が、マッカーサーの電報に決定的な影響を与え、次のような内容となった。

「天皇を告発すれば、日本国民の間に想像もつかないほどの動揺が引き起こされるだろう。その結果もたらされる事態を鎮めることは不可能である」「天皇を葬れば、日本国家は分解する」

連合国が天皇を裁判にかければ、日本国民の「憎悪と憤激は、間違いなく未来永劫《えいごう》に続くであろう。復讐《ふくしゅう》のための復讐は、天皇を裁判にかけることで誘発され、もしそのような事態になれば、その悪循環は何世紀にもわたって途切れることなく続く恐れがある」「政府の諸機構は崩壊し、文化活動は停止し、混沌《こんとん》無秩序はさらに悪化し、山岳地域や地方でゲリラ戦が発生する」「私の考えるところ、近代的な民主主義を導入するという希望は悉く《ことごと》消え去り、引き裂かれた国民の中から共産主義路線に沿った強固な政府が生まれるだろう」

そのような事態が勃発《ぼっぱつ》した場合、「最低百万人の軍隊が必要であり、軍隊は永久的に駐留し続けなければならない。さらに行政を遂行するためには、公務員を日本に送り込まなければならない。その人員だけでも数十万人にのぼることになろう」……（西鋭夫『國破れてマッカーサー』）

スタンフォード大学フーバー研究所およびマッカーサー記念館所蔵のフェラーズ文書によれば、フェラーズは覚書において天皇を「象徴（シンボル）」と規定している。一九三一年に新渡戸稲造《にとべいなぞう》が執筆した『日本――その問題と発展の諸局面』において、「天皇は国民の代表であり、国民統合の象徴である」と明記した天皇観が、教え子である河井道（恵泉女学園の創立者）からフェラーズ、フェラーズからマッカーサーへと継承されたことが判明している。フェラーズはアメリカのアーラム大学で知り合った一色ゆりから紹介された河井に、前述した覚書の草案を二度訂正してもらっており、マッカーサーの天皇観が間接的に河井の影響を受けていることを認めている。

さて、本論に入る。占領軍の「ウォー・ギルト・インフォメーション・プログラム（戦争犯罪情報宣伝計画、以下WGIPと略す）」の目的や手法、そしてその影響について、詳しく見ていきたい。

占領下の日本で教育改革を担当したのはGHQの民間情報教育局（CIE）だが、その幹部は、かつてアメリカの戦時情報局（OWI）でフェラーズの部下として心理作戦の宣伝用チラシを専門に作成していたハロルド・G・ヘンダーソンや、OWI中部太平洋作戦本部長であったブラッドフォード・スミスなど、OWIと心理作戦部（PWB）の主要スタッフたちであった。

CIEの主要任務は、メディアを通じた日本国民の再教育であり、日本人に民主的思想を教化し、日本の戦争責任は軍国主義者にあること、連合国軍の占領目的を日本国民のあらゆる層に理解させることを目的としていた。GHQはそのために「ウォー・ギルト・インフォメーション・プログラム」を策定し、メディア政策において、プロパガンダと統制という二つの方法を採用した。

プロパガンダの目的は、日本のメディアを通じて民主的思想を奨励し、また軍国主義的、超国家主義的思想を禁止することによって、アメリカの価値観を日本人に植えつけることにあった。これはOWIや戦略諜報局《ちょうほうきょく》（OSS）の対日心理作戦研究の成果を踏まえたものである。

この戦争犯罪キャンペーンを担当したのがＣＩＥの企画作戦課で、その第一段階として「太平洋戦争史」が全国紙に連載されたが、その執筆責任者は、ブラッドフォード・スミス企画作戦課長であった。また、天皇の「人間宣言」を最初に起草したのも、ＯＷＩでフェラーズと共に働いていたハロルド・ヘンダーソンであり、戦時中の対日心理作戦と戦後の占領政策のつながりの強さとともに、「天皇の大恩人」フェラーズがこれに深くかかわっていたことを示すものである。この対日心理作戦と占領政策のつながりは、戦後の教育改革の出発点の性格を示唆しているという点で極めて注目される。「ウォー・ギルト」（戦争犯罪）というのは、東京裁判の法理である「平和に対する罪」の土台となった概念で、日本の侵略戦争そのものを有罪として弾劾することにねらいがあった。

これは、「日本国民に対し其《そ》の現在及び将来の苦境招来に関し陸海軍指導者及び其の協力者が為したる役割を徹底的に知らしむる為《ため》一切の努力が行わるべし」と明記された「降伏後ニ於ケル米国初期ノ対日方針」に基づいてＧＨＱから発せられた、一般指令第二号の「日本の敗戦の真実、日本の戦争有罪性、現在および将来の日本の災害と苦難に対する軍国主義者の責任」を周知させる、という基本方針に立脚している。そしてＣＩＥは、最終目的である日本国民の「精神的武装解除」を実現するための戦争犯罪キャンペーンに全力を投入していった。

一九四五年九月十九日にGHQから日本政府に通告されたプレス・コードに関する覚書が、戦後メディア政策の基本的枠組みとなった。

このプレス・コードは以下の十か条で構成されている。

一、ニュースは厳格に真実に符合するものたるべし
二、直接又は間接に公安を害する惧《おそれ》ある事項を印刷することを得ず
三、連合国に対する虚偽又は破壊的批評は行わざるべし
四、連合国占領軍に対する破壊的批評及び軍隊の不信若《もしく》は憤激を招く惧ある何事も為さざるべし
五、連合国軍隊の動静に関しては公式に発表せられたるもの以外は発表又は論議せざるべし
六、ニュースの筋は事実に即し編輯《へんしゅう》上の意見は完全に之《これ》を避くべし
七、ニュースの筋は宣伝的意図を以《もっ》て着色することを得ず
八、ニュースの筋は宣伝的意図を強調又は拡大する目的を以て微細の点を過度に強調することを得ず
九、ニュースの筋は関係事実又は細目を省略することにより之を歪曲《わいきょく》することを得ず

一〇、新聞の編輯に於《お》いてニュースの筋は宣伝的意図を設定若は展開する目的を以て或《あ》るニュースを不当に誇張することを得ず

このプレス・コードは前半と後半で性格が異なり、前半は禁止事項を列挙しているのに対し、後半は報道と意見の区別、報道からの宣伝的色彩の除去などの規律を定めたものであった。そしてこれに違反する、占領軍にとって都合の悪い報道はすべて禁じられ、検閲によって削除された。

次に、こうしたＷＧＩＰの日本映画への介入と、それが日本国民にどのような影響を与えたのかを詳しく述べたいと思う。

日本に浸透した占領軍の価値観

ＧＨＱ情報頒布部（ＩＤＳ）が民間情報教育局（ＣＩＥ）に衣替えした一九四五年九月二十二日、ＣＩＥ幹部のブラッドフォード・スミスらは約四十名の映画会社重役、映画制作者、映画監督、政府の役人を集めた。そして、日本が国家主義的軍国主義を放棄して個人の自由や人権を尊重し、再び連合国の脅威にならないために、十項目に従った映画の制作を奨励することが伝えられた。

一九四六年一月二十八日に発布された「映画検閲に関する覚書」によって、ＣＩＥによる民間検閲と、同じくＧＨＱ配下の民間検閲支隊（ＣＣＤ）による軍事検閲という二重検閲が始まった。

ＣＣＤは十月二日に発足したＧＨＱの民間諜報《ちょうほう》局（ＣＩＳ）のもとに設置された。それ以降ＧＨＱは、横浜から九月十七日に東京に移されたアメリカ太平洋陸軍総司令部と、日本の占領行政を行うＧＨＱとの二重の機能を果たすことになった。マッカーサーはこの両方の組織の長であった。

内閣情報局が検閲機能をも兼ねていた日本の戦時体制とは対照的に、アメリカでは戦時情報局（ＯＷＩ）と検閲局が車の両輪となり、その間の職務分掌が確立していた。プロパガンダ（宣伝戦）はＯＷＩ、検閲は検閲局というアメリカ国内の組織図が、そのままＧＨＱ内のＣＩＥとＣＣＤとの関係に、ほぼ正確に投影されているといえよう。

ＣＩＥが映画の検閲を始めたのは十月初旬で、映画の企画書と脚本の事前検閲という形で始まった。映画が完成すると、まずＣＩＥの民間検閲が行われ、続いてＣＣＤの軍事検閲に回された。

ある映画が上映を許可されるかどうかの最終判断は、ＣＣＤの軍事検閲に一任された。軍事検閲では、規定の条項に違反する箇所があるかどうかを調べるのみならず、日本の情報も収集した。その後に、上映許可、削除を指示された箇所を取り除くことを条件に上映許可、全面上映禁止の三つの処置のいずれかが取られた。

ＧＨＱ占領下の映画検閲は、禁止と奨励という二つの武器によって、戦争についての贖罪《しょくざい》意識を日本国民に植えつけるという「ウォー・ギルト・インフォメーション・プログラム（ＷＧＩＰ）」の重要な役割を果たした。戦意高揚映画から民主主義啓蒙《けいもう》映画（「アイディア・ピクチャー」と呼ばれた）の制作に方針を一気に転換した日本の映画界の変わり身の早さには驚かされるが、その背景には、ＣＩＥの検閲官の指示は「命令」ではなく「提言」であることが強調されたものの、当時不足していたフィルムの供給を差し止める権限を検閲官が持っていたため、検閲官に「アイディア・ピクチャーが足りない」と指摘されれば従わざるをえないという特殊事情もあった。

CIEが奨励したのは、軍国主義者や財閥の戦争犯罪を追及するもの、男女平等や基本的人権の擁護を謳《うた》ったものなどで、CIE映画・演劇課のデビッド・コンデは、大映の重役、監督、制作者たちに占領軍の以下の具体的政策を提示した。

①総司令部と協力するにしても旧態依然たる企画は拒否する
②純粋娯楽はよいが、しかし民衆教育を忘れるな
③戦争の責任者は誰か、明白にせよ
④日支事変は歴史的批判に基づいて描け。主戦論者、反戦論者の相剋《そうこく》とその結果を明らかにせよ
⑤軍の圧迫から脱した自由主義的作品を制作せよ
⑥女性の取り上げ方は、育児、台所中心でいいのか。女性の社会的地位の向上を考慮せよ
⑦戦争孤児は慎重にせよ。『人生案内』（一九三一年、ニコライ・エック監督のソ連映画）、『少年の町』（一九三八年、ノーマン・タウログ監督のアメリカ映画）など好例あり
⑧二世（日系米国人）を主要人物に取り上げるのは不可

⑨上映時間の問題は自主的に解決せよ
⑩物資供与の件に関しては、その詳細なリストを総司令部に提出せよ
⑪職能組合の組織の促進は急を要する

その結果、次のような長編映画がＣＩＥの助言と指導により制作され、上映された。

①『犯罪者は誰か』（大映、一九四五年、観客約三百万人）
②『喜劇は終りぬ』（松竹、一九四六年、同三百五十万人）
③『人生画帖《がちょう》』（松竹、同年、同三百万人）
④『大曾根《おおそね》家の朝《あした》』（松竹、同年、同四百万人）
⑤『民衆の敵』（東宝、同年、同二百万人）

①は勇気ある政治家が戦争に反対し、軍国主義による抑圧にもかかわらず、勇敢に転向を拒絶する物語、②は日本の戦時の官僚制と軍国主義的圧政に向けられた風刺映画、③は時局迎合的な戦時の恐喝者と、その使用人で日本再建に邁進《まいしん》している者とを対照させる風刺映画である。

そして④では、軍国主義の台頭のために自由を失うが、降伏の日に圧政から解放された家族が描かれている。戦時下で政治犯として検挙された長男の出獄を祝う家族の場面に次いで、正義が勝利したことを祝うように太陽が海の向こうから昇る場面で終わる。占領軍が政治犯を釈放したことも観客に明らかにするこの最後の場面は、木下恵介監督の意志に反して、総司令部の検閲官の示唆によって追加されたものであった。

⑤は、軍部と結託して、肥料工場を爆弾生産のための軍需工場に変えて大儲《もう》けをし、工員を搾取する腐敗した資本家を描いたもので、最後の場面は労働者側が資本家を倒すというものである。この映画の今井正監督によれば、これはコンデの「命令」によって制作されたもので、二十か所余りの変更を要求され、「財閥と資本家を倒せ」というポスターを挿入するようにと示唆されたという。映画に満足したコンデは、最後に主人公と一緒に「インターナショナル」を歌い、関係者に高級ウイスキーを振る舞ったという。

コンデが指導した日本映画の中で最良のものの一つとして賞賛しているのが『わが青春に悔なし』（東宝、一九四六年、観客約四百万人）である。監督の黒澤明は完成した映画について、「東宝の組合運動の結果台頭した共産党系の組合勢力のもとにできた脚本審議会から、意に染まぬ改変を余儀なくされた」「組合員や共産主義者たちはみな、僕に脚本を直せという」「組合員や共産主義者たちは実際、僕らを言いなりにしていた」と話している。戦争映画を多く制作することで政府に協力して戦意高揚に努めた東宝が、戦後一転して最も過激な組合員を生み出し、占領軍に協力して民主主義映画の数々を制作したのは、〝占領軍と共産主義の癒着〟を象徴するものであった。

特に、日本人の伝統的価値観の一つである忠義や復讐《ふくしゅう》に対して、占領軍の検閲官は強く反発し、映画から追放しなければならないと考えた。一方、労働運動は日本の民主的再建に必要であると考えて、奨励した。

占領軍は日本人の伝統的価値観、軍国主義、超国家主義を排除するために、これらに最も否定的な共産主義者、労働組合員などを積極的に利用し、このことが、まったく国家観も歴史観も異なる両者を結びつけたのである。

またＣＩＥは、マルクス主義の歴史学者であった羽仁五郎《はにごろう》と密談を重ねて日本教職員組合の結成を支援し、ＷＧＩＰの一環として行われた戦後の歴史教育の担い手としても組合員と共産主義者を利用していった。

このようなＷＧＩＰによって、日本国民が教化されていった歴史的事実を忘れてはならない。

日本人洗脳計画（WGIP）の原点

キューバやウクライナなどの特命全権大使であった方から、イギリスのタヴィストック人間関係研究所（タヴィストック研究所）と、同研究所関連施設のあるサセックス大学について調査研究するようアドバイスを受け、二〇一四年五月上旬から一週間、英国で研究調査を行い、積年の疑問が解けた。それは占領軍によって戦後の日本人に植えつけられた「義眼」の原点は何かという疑問である。結論からいえば、その原点は第二次世界大戦中、英国陸軍心理戦争局の本部で、「心を操る条件づけ」、すなわち「内なる方向づけ」の「長期的浸透」によって大衆を洗脳するプロパガンダの作成と宣伝工作活動を入念に仕組んだ、タヴィストック研究所にあったことが判明したのである。

タヴィストック研究所は、一九四七年、イギリスの心理学者のA・T・M・ウィルソンとエリック・トリストがロックフェラー財団に提案してロンドンに創立された人間管理、心理学等の研究所であるが、その前身は一九二二年に設立された国際諜報《ちょうほう》機関である。社会心理学の父と謳《うた》われたクルト・レヴィンを中心とした研究者たちは、「敵国および国内における士気の現状および将来それが変化すると思われる方向の問題、どういう心理戦争の方法を用いたら、もっと効果的に敵の抵抗精神を弱めることができるかという問題」（A・J・マロー『クルト・レヴィン』誠信書房）、すなわち「精神的武装解除」についての研究に着手した。

レヴィンの手助けをしたのが、ベネディクトと共に二十世紀の米国を代表する文化人類学者と評価されているマーガレット・ミードと、そのパートナーであるグレゴリー・ベイトソン、英陸軍心理戦争局を設立した司令官ジョン・ローリング・リースらであった。ミードがレヴィンに会ったのは一九三五年のクリスマスの会合で、翌年に開催された会合で研究発表したのが、「文化の類型、構造、文化度」のベネディクトと、「諸集団の状態の変化に及ぼす政治的環境の効果」のハロルド・ラスウェル（政治学者で行動論主義の創始者）。一九四〇年の会合で研究発表したのが、「家族組織と超自我」のミードであった。ミードは、ベネディクトの『菊と刀』にも影響を与えたジェフリー・ゴーラーにベネディクトを紹介しており、ラスウェル、ベネディクトとゴーラーがタヴィストック研究所を通してつながっていた点が極めて注目される。

心理戦争についてのレヴィンらの研究が対日心理・文化戦略の土台となった。対日占領政策の起点となった米政府の情報調整局（COI）が立案した「日本計画」に最大の影響を与えたのが、ゴーラーの論文「日本人の性格構造とプロパガンダ」であった。同計画の目的は「日本の信頼を貶《おとし》め、打倒する」ことと明記されていた。

「ウォー・ギルト・インフォメーション・プログラム（WGIP）」の源流となった、GHQの「精神的武装解除」構想としての「再教育・再方向づけ」という「日本人に義眼をはめ込んだ洗脳計画の原点」は、「行為の水準を変化させる方法としては、望ましい方向への力を加える方法があり、また反対の方向への力を減少させる」洗脳方法を研究したレヴィンを核とするタヴィストック研究所でつながったグループ研究にあった。同研究所の施設は、現在ロンドン市内とサセックス大学にある（NATOは英心理戦争局の一部として、秘密機関の研究施設・科学政策調査研究所をサセックス大学に設立したが、現在の研究は、共に民間人向けに変化している）。

第二次世界大戦がこのタヴィストック研究所の社会学者たちに壮大な実験場を提供した。マインドコントロール（洗脳）、プロパガンダの分野では英国が世界をリードし、その中核的役割をタヴィストック研究所が担った。米政府は一九四一年七月に情報調整局を設立し、その長官にドノヴァンが就任、翌年六月にOWI（戦時情報局）とOSS（戦略諜報局）に分かれ、OSSの心理部門の責任者になったカリフォルニア大学の心理学者トライアンは、その研究プロジェクトのために、国民性研究の専門家である「同性愛者のゴーラーをコンサルタント」として採用するよう提案した。

後にタヴィストック研究所の委員会メンバーに選ばれたゴーラーは、OWIの外国戦意分析課（FMAD）の主任アナリストであったが、後任にベネディクトを推薦して、他の部署に移り、英政府の特命を受けてワシントンの英国大使館で秘密の研究に着手し（一九四四年八月七日付『タイム』誌の科学記事「ジャップはなぜジャップなのか」参照）、「極端な事例・日本」という論文を書き、プリンストン大学の学術誌（スクール・オブ・パブリック・アフェアーズの『パブリック・オピニオン・クウォータリー』一九四三年冬号）に掲載され、対日占領政策の形成に大きな影響を与えた。

タヴィストック研究所の最高幹部の一人であったレヴィンの「位相心理学」の手法（「正常な人間心理・精神を狂気たらしめる状況の中に置く洗脳手法」）を伝授する手助けをしたのが、マーガレット・ミードとグレゴリー・ベイトソン、ジョン・ローリング・リースらであった。

OWIとOSSの連絡係を務めたリースは、サセックス大学の中に、タヴィストック研究所で世界最大の洗脳施設（brainwashing facility）をつくるように命じられ、心理戦争の洗脳工作法を開発した。ミードは同研究所において、ニューサイエンスの科学者たちのバックボーンを樹立した。

タヴィストック研究所で敵国地方紙を解析するプロファイリング（同研究所の作戦用語で、家畜、畜産物の品評会における品定め、格付け、値踏みのように、長期的世界戦略遂行の立場から、個人または集団ごとに格付けする作業）の専門家として関わったのがハロルド・ラスウェルであった。

タヴィストック研究所の中核的な研究者でもあったマーガレット・ミードは、ニューギニアのチャンブリ族においては「男性と女性の態度が逆転しており、女性が優位であって感情的ではなく仕切る側であり、男性側が責任を欠き依存的である」ことから、男らしい行動や女らしい行動は後から社会的・文化的に構築された性差（ジェンダー）にすぎないことが立証されたとして、固定的性別役割分担意識（男女はこうあるべきだという意識）を排すべきだと主張した「ジェンダー・フリー」理論の先駆者で、戦後日本の教育や男女共同参画政策に多大な思想的影響を与えた（国立女性教育会館の女性学・ジェンダー研究会編『女性学教育／学習ハンドブック——ジェンダー・フリーな社会をめざして』でミードの学説を紹介している）。

しかし、ニュージーランドの文化人類学者であるデレク・フリーマンはその著書『マーガレット・ミードとサモア』（みすず書房）において、ミードの著書『サモアの思春期』（蒼樹書房）は「根本的に間違っている」と厳しく批判し、ミードの調査はサモアの言葉が分からないミードの数か月でしかない滞在の間の「事実誤認」によるものであることを明らかにした。

このフリーマンの著書は、ミードを好意的に評価する欧米のフェミニストからも「綿密な細部を検証・調査してつくられた学術書」と高く評価されており、米国の学会に激震が起きた。「性役割は社会的・文化的につくられたもの」だとするフェミニズムの主張の多くが、このミードの調査に基づいたものだったからである。

にもかかわらず、「ある部族でのミードの発見」は、日本のジェンダー論者によっていつまでも使い回されており、「固定的性別役割分担意識」を排せよという主張の理論的根拠として、この事実誤認によるミードの調査結果がいまだに誤用されている。

また、文化人類学者のドナルド・ブラウンは、その著書『ヒューマン・ユニヴァーサルズ』(新曜社)において、一九七〇年代にゲワーツがチャンブリ族を再調査し、「女性が公的な場で男性より優位に立つ社会が存在したという報告書は一つもない」と述べ、ミードの誤認を批判した。

ミード自身も『アメリカ人類学』への投稿で、「性差の存在を否定するような実例を見つけたなどとは私はどこにも書いた覚えはありません。この私の研究は、実際に普遍的な男女の性差が量的もしくは質的に存在するかしないかに関するものではなかったのです」と認めている(神名龍子『ミードの幻想(ニューギニア編)』EON/W復刻版参照)。

男らしさ、女らしさという「固定的性別役割分担意識」を否定する「ジェンダー・フリー」思想は、教育基本法の制定過程にも、日本国憲法第二十四条の制定過程にも、大きな影響を与えている。「両性の特性を考慮しつつ」という教育基本法第五条の日本側案を、「女性に対するあらゆる形態の差別を容認する表現となっており、非民主的で認めがたい」としてGHQが削除した。

また、ベアテ・シロタ・ゴードンが起草した憲法第二十四条の草案は、民政局次長のケーディスが指摘したように、「アメリカの憲法にも書かれていない（坂本義和、R・E・ウォード編『日本占領の研究』東京大学出版会によれば、世界の憲法規定でこの規定に近いものは皆無で、ソ連やポーランドなどの共産主義国の憲法だけが、婚姻や家庭生活における両性間の平等の保障をめざした規定を掲げているにすぎない）急進的」なものであった。「他国に対して、新型の社会思想を法律で押し付けることは不可能だ」との批判に対して、「日本で社会革命を成功させる責任を負っている」という激しい論争が占領軍内部で行われた。

ちなみに、同草案には、「嫡出でない子供は法的に差別を受けず、法的に認められた子供と同様に、身体的、知的、社会的に成長することにおいて機会を与えられる」と書かれていた。

ゴードンによれば、「小さいころから、いばりちらしている日本の男性が嫌だったから、なんとかしたかった」「徹底した男尊女卑のベースが大日本帝国憲法にあることがわかってきました。だから、新しい憲法には、不幸な歴史を背負った日本の女性を幸せにする条項をしっかり書き込んでおかなければならないと思いました」との思いがあったという。

憲法と教育基本法の男女平等規定に共通する思想的背景には、男性が女性を支配している男尊女卑の家族制度や家庭に対する偏見がある。ゴーラーは日本の侵略戦争を「性差別の社会化」ととらえ、幼少期のトイレット・トレーニングなどによって強制された「男性優位と女性の受動性、従属のパターン」が「成人に達した日本人によって民族国家の世界にまでも拡大」され、「型にはまった規範によって閉じ込められていた欲求不満と憤怒《ふんぬ》が、海外の敵に対してすさまじい凶暴性を帯びて爆発したものである」と、早期の家庭教育と侵略戦争を関連づけた。

また、ミードとベイトソンは一九四二年のバリ島に関する本の中で、「日本人は自分たちの文化に対する尊敬の念を欠いており、他の人々の自尊心に接すると、いかんともしがたい劣等感をおぼえ侮辱されたと感ずる」と述べ、日本の文化は「病的」で「幼稚」で「未熟」な劣等感に基づく「集団的神経症」であることに同意した。これはベネディクト、ゴーラー、ベイトソンも参加し、ミードがまとめ役を務めた一九四四年十二月の太平洋問題調査会の「日本人の性格構造会議」の結論でもあり、侵略戦争は日本人の国民性と道徳体系に由来するという「国際的な誤解の共同幻想」が形成された。

ゴーラーと最も深い関係にあったのはミードで、ミードとレヴィンを媒介としてベネディクト、ラスウェル、ゴーラー、ベイトソンがタヴィストック研究所とつながっていたことが今回の調査で明らかになった。ただし、サセックス大学の特別コレクションに保存されているゴーラー文書中のタヴィストック研究所関係文書の一部は、機密扱いで公開されていないので、不明な点も多い。

ウォー・ギルト・インフォメーション・プログラムの源流

戦後日本の心理学、政治学、フェミニズムに決定的な影響を及ぼしたクルト・レヴィン、ハロルド・ラスウェル、マーガレット・ミードは、タヴィストック研究所の中核メンバーであった。レヴィンは一九三〇年から四〇年にかけて、日本の心理学に最も強い影響を与えた。

ユダヤ系ドイツ人であったレヴィンはこのころアメリカの市民権を取得して、ワシントンの「戦略事務局の秘密研究会」で心理研究に専念していた。レヴィンの研究グループは、「敵国および国内における志気の現状および将来それが変化すると思われる方向の問題、どういう心理戦争の方法を用いたら、もっと効果的に敵の抵抗精神を弱めることができるかという問題」について研究し、「心理戦争、目標設定、現場操作（フィールド・オペレーション）、評価的下検分などの間に適切な関係をつくり出す点で、レヴィンが極めて独創的な貢献をした」（マロー前掲書）が、ミードは「人類学者と心理学者が協力したアクション・リサーチを行う」中核的役割を果たした。しかし具体的研究活動の詳細については、いまだに機密扱いされているものもあり、不明な点も多い。

このアクション・リサーチの中で注目されるのは、レヴィンの全般的な指導を受けながら実行されていること。そしてアメリカのギャング行動についての研究が、次の三つの問いをもってミードもメンバーの一人であった地域社会問題委員会の助言委員会によって行われ、研究報告がまとめられていることである。

①ギャングは、もっと地域社会に受け入れられるような行動の仕方を学習することができるだろうか。
②ギャング集団のエネルギーを、建設的な活動に向け直すことができるだろうか。
③彼らの反抗的、攻撃的なマイナスの態度を変えることができるだろうか。

日本人の性格構造はアメリカのギャング（不良少年）と二十八項目の共通点があるという太平洋問題調査会ニューヨーク臨時会議「日本人の性格構造会議」（一九四四年十二月十六〜十七日）の結論は、このアクション・リサーチの研究報告書を踏まえたものと推察される。

タヴィストック研究所との関連で、ミードと同様、研究の中核的役割を担ったのが、ハロルド・ラスウェルであった点も極めて注目される。ラスウェルは現代アメリカで最も著名な政治学者で、戦後日本の政治学の確立に大きな影響を与えた丸山眞男《まるやままさお》の政治学の一部はラスウェル政治学の翻案であると指摘されているほど決定的な影響を及ぼした。

ラスウェルの師であるC・メリアムは第一次世界大戦中に、アメリカの情報局の前身である「広報委員会」に宣伝員として従軍し、政治宣伝（プロパガンダ）の利用と誤用の研究や世論操作の問題に携わったが、彼の学問的精神（社会改良を追い求める革新運動の精神）を最も忠実に受け継いだのが、ラスウェルであった。

ラスウェルは一九二二年にシカゴ大学を卒業し、C・メリアムの下で大学院生として学び、メリアムが設立に大きくかかわった社会科学研究評議会の助成によってヨーロッパに留学。帰国後、一九二七年に博士学位論文「世界戦争におけるプロパガンダ技術」を提出した。

連合国やドイツの宣伝家たちが、戦争が自国の利益にかなうという印象をつくり出すために、いかに戦略的に情報やシンボルを操作したのかを明らかにした同論文は、次のように指摘し、「戦争の目的をどのようにつくり出して説得するか」「戦争をいかに聖戦化するか」「戦争犯罪をいかに歪《ゆが》めるか」「戦争の正当化のためにいかに残虐な物語を利用するか」（傍点は引用者）などについて豊かな情報をもたらした。

> 大社会においては、戦いの踊りの溶鉱炉の中で、気まぐれな個人を溶かすことは不可能である。もっと新しい、巧妙な方法でなければ、数千の、いや数百万の人間を、憎悪と意志と希望を持った一つの融合した大衆に結びつけることはできない。不同意という

腫瘍《しゅよう》を焼き尽くし、好戦的な熱狂の鋼を鍛えるには、新しい炎が必要なのである。社会連帯のためのこの新しい金槌《かなづち》と金床の名がプロパガンダなのである。

彼はその著書『精神病理学と政治』の中で、フロイト心理学に立脚しながら、政治の多くが個人の中に宿る病理現象の表出であるという議論を展開し、政治宣伝が政治体を効率的に統合するための必要不可欠な手段としてとらえ、政治宣伝が社会的絆《きずな》や社会統合の溶解に対する必要不可欠な矯正手段であると考えていた。戦時の政治宣伝が人々にどのような影響を与えたかについての科学的な解明がなされなかったことを課題と考えたラスウェルは、影響を計るための前提として、政治宣伝の内容を科学的に解明して分類することに専心的にかかわることを選択し、「科学的政治学」の一分野として「(政治) シンボルの経験的な調査」の方法の確立に精力を傾けることになった。それが、内容分析であった。

早稲田大学の谷藤悦史教授によれば、彼は、新聞、本、政治家の発言やスローガン、デモのパンフレットなど、政治宣伝にかかわる資料を収集し、カテゴリー化し、歴史的な変遷をたどり、体系的な評価を加え、その社会的影響を探る試みを開始した。その成果が一九三三年にシカゴ大学出版から発行した著書『革命の政治宣伝と戦時の政治宣伝』であった。

この本の中で、共産主義の宣伝を時系列的に追いかけ、政治宣伝を科学的にとらえるために、ある一定期間内に、ある種のシンボルにどれだけの焦点を当てているかを計る指標としての明示的指標や適応性指標などが開発された。

政治宣伝の影響を探る試みが、このラスウェルの内容分析の手法によって検証され、共産主義のスローガンを盛り込んだパンフレットで使われているシンボルの四割が、アメリカの国内ではなく外国に起源を発するものであることが明らかにされた。

第一次世界大戦から戦時宣伝研究は広がりを見せていたが、大学における政治宣伝研究が政治機関で広く利用されることはまれであった。しかし、第二次世界大戦が近づく中で、学者の協力が徐々に始まり、一九三九年にロックフェラー財団の助成を得て、プリンストン大学に政治宣伝の研究機関がつくられ、翌年に世論調査室が設置された。

一九四一年に米政府は情報収集を目的とした情報調査局（ＯＣＩ）を設立した。ラスウェルは一九三九年以降、ロックフェラー財団の助成によって行われていたヒューマニティー研究部門のコミュニケーション研究ラウンドテーブルに参加していたが、同財団から二年間の基金を得て、戦時コミュニケーション研究のための実験部を設立して、政府の政治宣伝や諜《ちょう》報《ほう》計画を開発する公務員のコンサルタントとして、実験部を指導した。

彼はさらに、アメリカ戦時情報局（ＯＷＩ）などを中心に、多くのスタッフや研究者に技術的訓練を提供し、アメリカの政治コミュニケーション研究を決定づける多くの研究者を育成した。そしてアメリカの革新主義運動の精神を受け継ぎながら、政治宣伝の内容の分析と政治宣伝の言語の定量分析にたどり着き、タヴィストック研究所のプロファイリングの専門家として活躍した。

M・スプロールが一九九七年にケンブリッジ大学出版から発行した著書『プロパガンダと民主主義』によれば、ラスウェルの政治宣伝研究はシカゴ学派のミードの影響を受けており、ラスウェルの「宣伝とは、意味を有したシンボルを操作することで集合的態度を操作することである」という定義は、ミードの象徴的相互作用論の翻案にほかならないという。ラスウェルは、研究課題としての政治宣伝を選択したことは、戦争や平和という具体的出来事の中で象徴の位置を確認したいという願望からであったと述べているが、ミードの思想的影響が大きい点が注目される。

次にWGIPの実践モデルとなった日本兵捕虜洗脳教育の考察に移ろう。英国立公文書館所蔵のMI5(英情報局保安部)が調査した個人ファイルの「共産主義者と共感者」というカテゴリーに分類された「ノーマン・ファイル」には、トップシークレットの機密文書が含まれている。これによれば、カナダ外務省からGHQの対敵諜報部の調査課長として出向し、マッカーサーの信任厚く、昭和天皇との会見にも同席したハーバート・ノーマンは、共産主義者としてマークされていたことが、コミンテルン本部との暗号通信の解読によって判明している。

また、ＧＨＱで治安・情報を担当する参謀第二部ならびに民間諜報部部長のチャールズ・ウィロビーの調査によって、ノーマンがコミンテルンと深い関係にある太平洋問題調査会（ＩＰＲ）の職員に、共産主義者の資料をカナダ経由で郵送することを約束する手紙のコピーが発見された。ちなみに、ウィロビーの『ＧＨＱ　知られざる諜報戦』（山川出版社）によれば、ＩＰＲは共産党員とそのシンパの支配下にあり、ＯＷＩのウィリアム・Ｌ・ホランド局長はＩＰＲの手先であった。

山本武利編訳『延安リポート――アメリカ戦時情報局の対日軍事工作』（岩波書店）によれば、中国の延安で日本兵捕虜洗脳教育を行っていた野坂参三《のさかさんぞう》がＯＷＩに定期的に送っていた「延安リポート」は、中部太平洋作戦本部長であったブラッドフォード・スミスにも直接送られていた。スミスはこの野坂が陣頭指揮した延安での日本兵捕虜洗脳教育をモデルとして、『武器はうるはし』という小説を書き、冒頭に「この物語の人物は、架空のものであるが、状況は、この書の最後の数章も含めて、多くの実例の通り、中国で実際に起こった事実によるものである」と明記している。

中国共産党管理下の日本兵捕虜洗脳教育を実際に運営したのは、延安の日本人民解放連盟（野坂参三の提唱による。鹿地亘《かじわたる》が始めた反戦活動の支部）である。マッカーサーの政治顧問付補佐官ジョン・エマーソンは、米国務省に「日本国内の戦争反対分子を励まし、内部崩壊を早める」よう提言し、野坂が指揮した対日心理作戦（洗脳教育）は日本本土の日本人に対する心理作戦でもあることを明らかにしている。

アメリカは対日心理作戦における「洗脳」のアイディアと手法を延安で徹底的に調査した。コミンテルン日本代表であった野坂は、中国共産党の後押しで「アップル・プロジェクト」という対日工作員を送り込む計画をアメリカ戦略諜報局（ＯＳＳ）に提案し、ＯＳＳから多くの日系人が野坂の下に送り込まれた。野坂は延安から日本への帰国途中にモスクワに行き、延安にいる人民解放連盟のメンバー八百人（共産党員が百七十人）の帰国の援助を依頼した。

エマーソンは『嵐のなかの外交官』において「岡野（本名は野坂参三――筆者注）とそのグループの成功は……次のような結論をさらに強めた。それは、ひとたび日本国民が敗戦意識を抱くようになれば、捕虜が経験したのと同じような心理的変化がそこに生ずるだろう」と述べている。

英国立公文書館所蔵のジョン・エマーソン証言（一九五七年三月十二日の米上院国内治安委員会）により、ＷＧＩＰの実践的原型は「軍国主義者」と「国民」という架空の対立を導入して、「軍国主義者」という共通の敵の打倒をめざす延安での日本兵捕虜洗脳教育にあったことが新たに判明した。ちなみに、筆者はエマーソンとはスタンフォード大学フーバー研究所で一九八一年から二年間ご一緒させていただいた。

米「初期の対日方針」から「日本人の再方向づけ」へ

「ウォー・ギルト・インフォメーション・プログラム（ＷＧＩＰ）」と検閲政策とが一体となって、実に巧妙な方法で日本人の自虐意識が醸成されていった。特に、日本国民の自虐意識に大きな影響を与えたのが映画であった。

民間情報教育局（ＣＩＥ）の後援、指導と助言によって、東京裁判開廷前に長編映画が五本、裁判中には四本制作され、三千万人以上の日本人が鑑賞した。そこで強調されたのは、敵はアメリカではなく軍国主義者あるいは日本政府だということであった。

現在残されている映画シナリオから内容の一部を見てみよう。『大曾根《おおそね》家の朝《あした》』（一九四六年）では、農夫に次のように語らせている。

わしは百姓で難しいことは分かりません。戦争中は勝つためだ勝つためだと言われて、汗水垂らして働き、自分の食う飯米までさらって供出に完納してきました。その戦争が聖戦どころか、世界に顔向けできない恥の多い戦いだったという。武士道だの正義だのと立派な口をきいてきた軍隊が行く先々で人道に悖《もと》るような残虐をやってきた。

また、『人生画帖』(同年)では、登場人物が次のように語る。

だいたい何で戦争なんか始めたのか僕には分からないんだ。まだ日本人には戦争なんかする資格はないよ。このごろ僕はつくづく日本人に愛想が尽きたよ。道徳もなければ教養もない、破廉恥なろくでなしが多いんだ。日本人は他の国と戦うより、まず自分と戦わなければいけないんだ。自己をもっと文化的に高めなければいけないんだ。聖戦だ、総動員だ、国策だと立派なこと言う奴に限って悪いことをしている。何のための、誰のための戦争だか分かりやしない。君もうかつに死ねないよ。

これらの映画の多くはビデオやシナリオの形で今日でも観ることができる。当時はテレビがなかっただけに、これらの映画がいかに日本人の潜在意識の奥深くに決定的な影響を与えたか、察するに余りある。

そして二〇一三年夏のアメリカでの文書研究によってWGIPの源流が明らかになった。一九四二年に設立された戦略諜報局《ちょうほう》(OSS)と戦時情報局(OWI)の文化戦略・心理作戦研究が、アメリカ国務省の対日占領教育政策に受け継がれて米国の「初期の対日方針」となったのである。さらに、アメリカ政府に一九四四年に設置された、戦後処理を目的とする国務・陸軍・海軍調整委員会（ＳＷＮＣＣ）と、その極東小委員会（ＳＦＥ）がまとめた文書「日本人の再方向づけ」（一九四六年一月七日）が翌日付でマッカーサーに送付され、ＣＩＥの活動方針となった。

この「日本人の再方向づけ」は、以下の十二項目が根幹となっているが、特に④と⑩に注目する必要がある。ＷＧＩＰが戦後日本に大きな影響を与えたのは、このような「日本人の再方向づけ」の明確な方針によって裏打ちされていたからであることを見落としてはならない。

①ほとんどの日本人は、封建的概念、日本人が世界の支配者となるべき優越した資質を持っているという信念、極端な人種意識、外国コンプレックスなどの精神態度を共有している。

②これらのイデオロギーや思考様式を変革しなくては占領の究極的目標を達成することはできない。

③日本の文化的概念をすべてつくりかえることは必要でなく、民主主義やフェアプレイの原則に従うような新たな精神態度を創造するために、それらを利用することが重要である。

④占領軍は占領の究極的目標を受容し、援助したり、米国の利益を促進したりするような

日本人を探し出すべきである。占領軍はそういった日本人が、これらの目的を達成できるようなポジションに置かれるように配慮し、彼らにアドバイスと指導と援助を与えなくてはならない。

⑤再教育はフォーマルな教育と教育制度に限られるのではなく、国民全般に対して実施されるべきである。影響力を持つ日本人指導者、そして本・教科書・定期刊行物・映画・ラジオ・講演・ディスカッショングループ・学校を含むメディア等、利用可能なあらゆる伝達経路を通して日本人の精神に届かせることが必要である。

⑥米国の政策は、日本人に国民一人一人が政治的責任感を発達させることを奨励しなくてはならない。

⑦日本人は、教育を尊重するとともに権威に対して従順な習性を持つので、再方向づけの最も有効な方法は日本以外の世界に関する情報を与えることである。

⑧他のソースからの情報を遮断するよりも、米国の目的と理想を日本人に理解させるような情報を積極的に提供すべきである。

⑨再方向づけが成功するためには、普通の日本人の経済状態が徐々に向上することが必要である。

⑩米国が退いた後にも日本人自身によって再教育プログラムが継続されるために、日本人

自身が再教育のプロセスに積極的に参加することを奨励すべきである。
⑪他の占領政策と異なり、情報・教育・宗教は場合によっては何十年もかかるような長期的問題である。しかし、これらの分野における再方向づけの基礎は今築いておかなくてはならない。
⑫連合国軍最高司令官（ＳＣＡＰ）によって再方向づけ政策はすでに着手されているが、長期的な再方向づけの責任は究極的には国務省に存する。

そして、日本占領に必要な軍政要員のテキストとしてアメリカ陸軍省民事部が中心となって作成した『民事ハンドブック』の「第十五　教育」の章は、一九四四年にＯＳＳがまとめた文書「日本の行政・文部省」のうち「占領下の教育統制」の章だけを削除してほとんどそのまま使用され、このハンドブックが日本占領政策の基礎資料となった。

この「日本の行政・文部省」の作成を担当したフランシス・ガリック女史の分析結果を全面的に踏襲したアメリカ国務省極東局日本担当ヒリス・ローリーが、一九四四年に国務省に設置された戦後計画委員会（ＰＷＣ）と部局間国および地域委員会（ＣＡＣ）の報告書としてまとめた「軍政下における教育制度」の「第四章　勧告」には、次のような文章が含まれている。

学校放送、映画およびレコード設備は、日本の「島国根性」を打破し、教員が生徒に外国の歴史や文化を教授したり、可能ならば世界的視野を持たせるために、民政当局によって利用されるべきである。そして、できれば日本の自由主義者によっても利用されるべきである。

このように、「日本の自由主義者によっても利用されるべきである」ことが強調され、日本の戦後教育の指針となった文書やハンドブック等は、戦時中からの日本（人）研究の成果を大いに受け継いで作成された。

対日心理作戦との連続性——フェラーズとスミスの文書

戦後の「ウォー・ギルト・インフォメーション・プログラム（WGIP）」のアイディアや手法の源流は、戦時中のアメリカの対日心理作戦にある。その意味で、同作戦が参考にした中国の延安での野坂参三《のさかさんぞう》の日本兵捕虜洗脳教育が、ブラッドフォード・スミスに大きな影響を及ぼし、WGIPのモデルとなったことを、連続的にとらえる必要がある。

一九四一年七月十一日にフランクリン・ルーズベルト米大統領はアメリカの情報・プロパガンダ機関として情報調査局（Office of the Coordinator of Information＝OCI）を創設し、同年十二月から翌年六月にかけて、対日心理戦略をまとめた日本打倒プラン「日本計画」を準備した。その土台になったのは、イギリスの社会人類学者ジェフリー・ゴーラーの論文「日本人の性格構造とプロパガンダ」であった。

一九四二年六月十三日、大統領命令一八二に基づいて、OCIは戦時情報局（OWI）と戦略諜報局《ちょうほう》（OSS）に発展し、前者は「ホワイト・プロパガンダ」、すなわち「情報源が明らかな広報的宣伝」を担当し、後者は「ブラック・プロパガンダ」、すなわち「情報が非公然で偽《いつわり》のメッセージ」を使った敵国への宣伝活動を担当した。

ゴーラーとベネディクトを中心とする日本人の性格や行動パターンの研究と日本兵捕虜の供述書や聞き取り調査に基づいて、日本兵の士気を低下させ、投降を促す目的で行った対日心理作戦の中心スタッフが、占領初期の民間情報教育局（ＣＩＥ）の主要幹部に登用されたことによって、戦前のＯＳＳ、ＯＷＩの対日心理作戦がＣＩＥのＷＧＩＰに引き継がれることになった。この対日心理作戦とＷＧＩＰの連続性に注目する必要がある。

Japan: Beauty and the Beast

By Bradford Smith

EDITOR'S NOTE: *Last month* AMERASIA *published Mr. Smith's article, "The Mind of Japan," which discussed the officially promoted Japanese concepts, Shinto, Kodo, and Bushido that have influenced the manner of thinking and behavior of the Japanese people for centuries. This article introduces us to members of a typical Japanese family and shows how these beliefs are translated into the acts of their daily living.*

THERE is a kind of picture which presents two different scenes when observed from two different angles, the appearance of one dissolving the other. The two scenes are one, yet separate. Anyone who has thought about the Japanese has been confronted by this same phenomenon of two pictures that simply will not jibe—the docile, family-loving people at home, and the inhuman barbarians who descended on Nanking. How *can* the same people create a world where living is an art, and another world where murder and cruelty breed chaos? The answer is important to us in order that we may know the nature of the enemy we have to deal with. It can be reached only by looking without prejudice at both sides of the picture.

Introducing a Typical Japanese Family

The typical family in Tokyo—let us call them the Watanabes—will have three or four children and will live in a little house of three or four small rooms in the vast suburbs of Tokyo. Watanabe-san has a "white-collar" job (the Japanese are fond of using this English word) in one of the big office buildings of down-town Tokyo. His salary, less than the equivalent of $50 a month in America, not only supplies the necessities for a family of five but leaves enough over for pleasures and a bank account too.

Watanabe was provided with a wife by the customary "go-betweens" who brought the two young people together for a "chance" meeting. They were satisfied with each other and the match was completed. Love had nothing to do with it, but Watanabe was an earnest young man, and if occasionally he got slightly intoxicated at one of the dinners his firm gave to its employees, it was nothing more than his wife expected. They are proud of their children, the mother is an economical housekeeper, and they live amicably together.

The family is up every morning shortly after dawn. Watanabe may take a brief walk around the neighborhood in his kimono before putting on a Western style suit and starting on the half-hour train ride to his office. He will not reach home again until six or later. If his employer keeps him after hours he is unperturbed, for this is part of his duty to the man who provides him with his living.

His wife, after sending the children off to school, lets the bath water out of the wooden tub which the night before had received, one after another, the members of the family in proper order—father first, then sons, daughter, and mother. Each had soaped and rinsed himself standing on the wooden slats of the tiny bathroom, then squatted in the excruciatingly hot water of the tub which reaches up to the neck. The daily

86

ブラッドフォード・スミスが1942年に発表した論文

ＷＧＩＰをリードしたブラッドフォード・スミスはコロンビア大学卒業後、来日し、立教大学や東京大学講師として、英米文学等を教え、アメリカに帰国後、一九四二年からＯＷＩの対日心理作戦を担当し、同年三月に

「日本精神」、四月に「日本――美と獣」という論文を、コミンテルンの外郭団体「アメリカのシナ人民友の会」の機関誌『アメラジア（Amerasia）』に発表した。

その後、同年六月に創設されたOWIの中部太平洋作戦本部長に任命され、九十人の専門家と執筆陣を率いて、日本の敗戦まで対日心理作戦を陣頭指揮した。一九四五年九月七日に横浜に上陸し、CIE企画作戦課長として「太平洋戦争史」を執筆・編集し、文字通りWGIPを陣頭指揮した。

一方、ボナー・フェラーズは一九四二年七月にOSSに配属され、一九四三年に南西太平洋地域総司令部参謀第五部長となり、一九四四年六月に新設された心理作戦部（PWB）の部長として対日心理作戦を主導し、同年十一月、南西太平洋地域総司令官（マッカーサー）軍事秘書官、一九四五年六月、米太平洋陸軍司令官（マッカーサー）軍事秘書官に任命され、対日心理作戦のプロたちをCIEの幹部に登用し、対日心理戦略をCIEに引き継ぐ役割を果たした。

フェラーズは一九四五年五月七日～八日に、心理作戦担当者を招集してマニラで対日心理作戦会議を開催した。同会議にはケネス・ダイク（後にCIE局長に就任）やブラッドフォード・スミスも参加したが、「ジャップ」を連発するスミスと違って、ダイクは日本人目線を重視する宣伝の専門家であった。

米情報調査局（ＣＯＩ）からＯＳＳ、ＯＷＩに受け継がれた対日心理戦略は、国務省の戦後計画委員会（ＰＷＣ）と国務・陸軍・海軍三省調整委員会（ＳＷＮＣＣ）という対日占領政策の最高決定機関を経て、ＧＨＱの民間情報教育局に継承され、ＷＧＩＰとして結実したのである。

ＯＷＩの日本人の「頭を切り替える」心理作戦としての「日本人の再教育・再方向づけ」プログラムが米国務省に受け継がれた背景には、ハル国務長官の日本の伝統精神に対する誤解があった。

ハル国務長官は「日本の軍国主義は国民の伝統に基づいているという点において、ドイツやイタリアとは異なる」と指摘し、ドイツのナチズムやイタリアのファシズムとは異なる日本精神の特異な病的特性を強調し、「再教育、再方向づけ」によって積極的に介入して心理的誘導をしなければ、日本国民の伝統精神に根づいた軍国主義を排除することはできないと考えた。

この誤解の背景には、神道と軍国主義を混同したアメリカの神道学者Ｄ・Ｃ・ホルトムやゴーラー、ベネディクトらが日本人の国民精神の「病的特性」を「伝統的攻撃性（侵略性）」、すなわち日本人の「本性に根ざす伝統的軍国主義」ととらえた思想的影響があったと思われる。

ハル国務長官のこの基本認識に立脚して、国務省のＰＷＣ（戦後計画委員会）文書が作成され、「超国家主義の影響の排除」「自由主義的勢力の奨励」「新聞、ラジオ、映画、学校を通して民主的考えを奨励する」ことが「占領軍の任務」であるとして、労働組合が奨励された。これがCIEに引き継がれて、共産主義者を含む「自由主義者」が奨励され、日教組結成に至ったのである。その結果、後述する「歴史認識問題」の元凶となった「反日日本人」が戦後の歴史学会や教育界、マスコミ界をリードするに至った。このような誤解に基づく対日占領政策が「反日日本人」の「産みの親」といえる。

また、「イタリアとドイツでの失敗の分析」という報告書によれば、「積極的で統合されたプログラムの事前の準備の欠如」が独伊の戦後の統治が失敗した原因と分析されており、その教訓から「再教育・再方向づけ」の積極的で統合されたプログラムが必要と認識されるに至った。これがSWNCCの米国「初期の対日方針」に受け継がれ、「再教育、再方向づけ」をねらう「精神的武装解除」構想の最重要政策として、WGIPが策定されたのである。

一九四五年四月十二日にフェラーズが南西太平洋地域総司令官に提出した対日基本心理作戦計画書によれば、「戦争についての真実を特定の人々に知らせるビラや放送を実践すること。死者と壊滅状態が続いているので、心理作戦の継続努力を地域的に拡大し、市民に死なないためには平和を求めることだということを順次思い起こさせることだ」「日本人の行動パターンを知ることは心理作戦に有効だ。われわれが広める情報に日本人は冷静に効果的に方向づけられる」としている。

そして、「日本人の生活を再方向づけ」するために、「結論」として次の三点を挙げている。

・日本人を説得して士気を弱体化させる。
・軍部に戦争責任を負わせる——①本国、戦場での無能力、②戦争に関して嘘《うそ》を報道した、③人種偏見を説いた、④西洋人を誤解させた、⑤軍部に国の災難の責任を負わせる、⑥天皇と国民との間に楔《くさび》を打つ
・国民に次のことを啓発する——①自己救済、②国に残されたものを救済するよう約束する、③軍部を崩壊させ平和的政権を樹立する、④アメリカの慈悲に頼る、⑤われわれの条件に基づいて平和を求める

さらに、具体的な「心理作戦の方法論」として「軍部を嘲笑《ちょうしょう》する。国民を嘲笑したり、傷つけたりしない」「天皇を攻撃せず、適切な時期に作戦目的遂行に利用する。天皇を攻撃して国民の反感を持たせないようにする」等の指針を示している。

同文書で興味深いのは、「日本人の行動パターン」の分析として、「国家と家族に対する執着」を挙げ、「日本人ほど家族の絆《きずな》が強い民族はない。彼らの信仰の根源は親孝行である。

兵士もその家族も他の人々の悩みが分からない。前線での苦悩の場面を兵士の本国の家族の場面に移すと、また前線で兵士が、家族が耐え忍んでいる貧困や苦難を知ることは士気を混乱させる」と述べていることである。

次に「天皇崇拝」として、「日本社会の基盤をなすものは従順と忠誠である。祖先崇拝の教義に神道が組み込まれていることを知るには、なぜ天皇が最高の崇敬を受けているのか、なぜ天皇の宗教的尊厳は侵されることがないのか、そしてなぜ天皇の存在が精神的に不可欠であることが衰退しないのかを理解する必要がある。戦争終結後、天皇に何が起ころうとも、もし彼がわれわれの条件に沿った平和を是認すれば、それは兵士の生涯の摂理となるであろう」と述べている。

さらに「武士道」について、「日本人は武士道、大和魂によって躾《しつ》けられている」として、牛若丸と弁慶の話が引用される。「両者は敵同士であったが、弁慶が負けると、彼は牛若丸の忠実な家来になる。このように敵対者の家来にもなるというのが日本の武士道である。忠誠を尽くし死もいとわない。日本兵は生きている限り敵に与《くみ》しないが、任務を完遂できないと日本兵でなくなり、第二の人生を求め別人になる。かくしてわれわれの捕虜は弁慶のように生まれ変わる」と述べ、以下のように結論づけている。

われわれが陸軍海軍壊滅と惨めな状態を示す真実を告げたビラを投じる。本土のあらゆるところに真の情報が行き渡り、崩壊が迫れば、国民が軍部を打倒するだろう。平和が何らかの形で得られるならば、日本人は戦争をやめるだろう。戦争をやめさせることのできる人物は唯一天皇だけである。天皇の命によって本土決戦を避けられる。これは完全に信任された勅命として発せられるのでなければ国民は信じない。天皇を殺害して二千五百年にわたる国民の天皇崇拝を阻害してはならない。

マッカーサーが一九四六年一月二十五日にワシントンに送った天皇を処刑すべきでないという電報に、決定的な影響を与えたのがフェラーズであった。「軍国主義者」と「国民」を区別し、天皇を利用しながら、天皇と国民の間に楔を打つという彼の考えが基本方針となったのである。

「太平洋戦争史」と「南京大虐殺プロパガンダ」との接点

ところで、ブラッドフォード・スミスが執筆し、責任編集した「太平洋戦争史」で最も強調したのが「南京における悪虐行為」であった。「ウォー・ギルト・インフォメーション・プログラム（WGIP）」の中核はスミスが執筆した「太平洋戦争史」における「南京大虐殺プロパガンダ」であった。彼とこの「南京大虐殺プロパガンダ」との接点は一体どこにあったのか。前述した『アメラジア』に掲載された二つの論文で、三回「レイプ・オブ・南京」という言葉が繰り返されている点が注目される。

「南京大虐殺プロパガンダ」の最大の根拠は、東京裁判で「南京大虐殺」について証言したアメリカの聖公会のジョン・ギレスピー・マギー牧師が撮影した十六ミリフィルムと、中国国民党国際宣伝部顧問のオーストラリア出身のジャーナリスト、ハロルド・J・ティンパーリ（上海にいたイギリスのマンチェスター・ガーディアン紙中国特派員）編『戦争とは何か』といえる。

米コーネル大学図書館所蔵の極秘文書等により、同書が中国国民党の宣伝部が編集制作したプロパガンダ本であることが明らかになっている。同書を実際に執筆したのは南京大学のマイナー・ベイツ教授と、東京裁判に口述書のみを提出した中国生まれのアメリカ人宣教師、ジョージ・アシュモア・フィッチであった。

この『戦争とは何か』の内容を裏づける南京事件調査研究会編『南京事件資料集Ⅱ　アメリカ関係資料編』（青木書店）には、南京陥落の三日後に「南京大虐殺」を報じたアメリカの記事や、『戦争とは何か』の出版をめぐるティンパーリ特派員とベイツ教授の往復書簡も収められており、その中に前述した〝接点〟をうかがわせる記述が含まれている。一九九二年に出版された同書は絶版で古本屋にもないため、図書館で閲覧するしかない。注目されるのは、ティンパーリから米国務省次官のスタンレー・ホーンベック宛の以下の記述である。

日本の占領前、占領中、占領後の南京を撮影したフィルムを説明するため、手紙を書いています。……内輪にしてほしいのですが、このフィルムはジョン・マギー牧師の撮ったものです。……私の役割は、このフィルムの余計な箇所をカットすること、説明なしで分かるようにするため若干のタイトルを挿入したこと……このフィルムは絶対に見逃せません。日本軍が中国の首都を占領した時の恐ろしい後日談を、生々しい画像で見せてくれます。ジョージ・フィッチがまもなく飛行機でアメリカに向かうと聞けば、興味がわくでしょう。彼はＹＭＣＡの人間で、南京の中国民衆を救済するため果敢に闘っている国際救済委員会のメンバーです。

さらに、ティンパーリからベイツ宛の一九三八年二月四日付書簡には、次のように書かれている。

ジョージ・フィッチが持参したマギーの素晴らしいフィルムを一見してから、ここ二、三日、妙案を考えています。ジョージに直ちにアメリカに行ってもらい、ワシントンで国務省の役人や上院議員などに、この話をするよう進言しました。効果はてきめんだと思うのです。中国人への同情が喚起されて、南京のアメリカ人の活動を容易にするのも、また南京以外の地にいるアメリカ人をできるだけもちこたえさせるのも、すべてアメリカ政府の行動にかかっていることが分かるのだから。マギーのフィルムを見れば、誰しも、あなた方が重要な役割を担っていることが分かるはずです。……ハル（国務長官――引用者注）からはきっと会見を申し込まれるだろうし、もしかすると、大統領とも会うようなことになるかもしれません。彼のワシントン行きは、将来アメリカの中国政策に重大な意義を持つようになるでしょう。

では、フィッチがマギー牧師の撮影した十六ミリフィルムを実際にアメリカに持ち込んだのは、一体いつか。フィッチの著書『中国での八十年』によれば、次の通りである。

フィッチは一九三八年三月にホノルル経由でサンフランシスコ、ロサンゼルスを訪れ、「二、三の講演」を行い、「フィルムを見せたところ、かなりセンセーションを引き起こし、聴衆の何人かに気分が悪くなった者がでた。……オーエン・ラティモアその他から多くのインタビューを受けた。四月十八日、私の主要な訪問先であるワシントンに着く。ここで、国務省次官のスタンレー・ホーンベック博士のコスモス・クラブの客となり、多くの要人に会う機会を与えられた。それは、ヘンリー・スティムソン大佐らであった。私はさらに下院の外交委員会、戦時情報局、新聞記者やその他に、持参のフィルムを見せた。（傍線は引用者）

中国におけるルーズベルト大統領の私設大使オーエン・ラティモアは、アメリカの中国学者で太平洋問題調査会の中心メンバーを長年務め、季刊誌『パシフィック・アフェアーズ』を責任編集、一九四一年に蒋介石の私的顧問を務めるために中国の重慶に行き、翌年からアメリカの戦時情報局（ＯＷＩ）サンフランシスコ局長を務めた親中派の共産主義者（参謀第二部の報告書による）であり、ヘンリー・スティムソンは米陸軍長官、国務長官を歴任した人物である。

フィッチ婦人は一九三九年七月の米下院外交委員会で、「皆様方の中には、南京の略奪

(sack) に関する私の夫の動画をご覧になった方がいらっしゃるでしょう」と証言しているが、「私の夫の動画」がマギー撮影フィルムを指すことは明らかである。

フィッチが直接OWIにフィルムを持ち込んだことが、OWIの対日心理戦略、ならびにそれを継承したGHQの民間情報教育局(CIE)の(「南京大虐殺プロパガンダ」を核とする)WGIPに発展したことは明らかであろう。ちなみに、フィッチのアメリカでのこの講演が「レイプ・オブ・南京」をテーマにしたことが、前述したブラッドフォード・スミスの二つの論文に繰り返し「レイプ・オブ・南京」が登場する理由と推察される。

同フィルムとその説明文に基づいて、スミスは「太平洋戦争史」に「日本軍は家に押し入り、泣き叫ぶ赤子の胸に銃剣を突き刺し、それを止めようとした息子や父を殺し、それから母と八歳の娘を裸にしてレイプしてから無慈悲にも死に至らしめた」と書いた。陥落後の南京城内に入った日本軍は三千人にすぎなかったが、スミスは南京城内に五万の日本軍が入り、四万二千人のシナ人を殺したというのである。

スミスが執筆した「太平洋戦争史」の前半部分は、一九四二年に米国務省がまとめた『平和と戦争』からの転載が多く、第七章「日支事変」において彼が最重要視した「南京虐殺」について詳述しており、同フィルムとその説明文等がいかにスミスに大きな影響を与えたかがうかがわれる。

第三章　ベネディクトとミアーズの比較考察

日本研究の態度

本章では戦後にアメリカで出版され、日本文化論として注目されるルース・ベネディクトの『菊と刀』と、ヘレン・ミアーズの『アメリカの鏡・日本』の比較考察を行いたい。対照的な研究態度で異文化を理解しようと試みた両書へ、日米双方からはさまざまな評価が下された。この事実は一体何を意味しているのであろうか。両書の内容と日米の評価を比較分析することによってこの点を明らかにしていきたい。まずベネディクトから見ていこう。

　このテーマについて、御厨貴、小塩和人の共著『忘れられた日米関係——ヘレン・ミアーズの問い』（一九九六年、ちくま新書）はまず「国民性研究と異文化理解」の視点から、ベネディクトに対して、次のような鋭い疑問を投げかけている。

歴史家が最も大切にする時代性や社会的文脈といった視点にベネディクトは留意しただろうか。むしろ、国民性研究から導き出される日本人の特性をもって、日本の中国侵攻やパールハーバー攻撃を説明しようとしていなかっただろうか。

もともと異文化理解とは、比較することをその原点に置いている。……ここで問題になるのは、異なった文化について自らのそれと比較する際に、相手に対して「開かれた」あるいは寛容な態度を持ちうるか否か、ということである。文化人類学者は、さまざまな人間社会の間に存在する違いを尊重する訓練を受けている。つまり文化多元主義を認め、自らの文化的尺度を相手に当てはめることがないように、常に意識することを求められているのである。ベネディクトの場合、日本を研究する以前に他の文化についての分析をしてきた経験もあった。にもかかわらず、彼女の日本国民性の議論は、まさにこの異文化不寛容を象徴するものとなってしまったのである。その理由はどこにあるのだろうか。

……敢《あ》えてアメリカの日本に対する優位性をどこかで意識し、その結果日本という異文化に対して本来働くべき相対主義的姿勢が揺らいでしまったのであろう。


一九四六年に出版されたベネディクトの『菊と刀』は、「礼儀正しく従順で寛容な日本人が、なぜ正反対の方向に暴発してしまうのか」という日本人の国民性の矛盾を解明するために、日本文化の型や価値体系をまとめたベネディクト自身の論文「日本人の行動パターン」を原型として、そこに第一章から第四章、第十二章、第十三章を追加したものである。

　ベネディクトは、日本人が持つ病的特性、すなわち「伝統的攻撃性」こそが侵略戦争の原因であるとして、この「伝統的攻撃性」が日本人の国民性、倫理体系の伝統の中でいかにして醸成されてきたかの分析に『菊と刀』の大半を充て、これが同書のメインテーマとなった。ベネディクトの研究態度、価値判断が最も顕著に表明されているのは、第一章「研究課題」の冒頭部分と、最終章「降伏後の日本人」でのアメリカの対日占領の意義についての結論部分であろう。

「日本人は異質な敵であった」という文章で始まる第一章の冒頭は、『菊と刀』が「異質な敵」にいかに立ち向かうかを論じた戦略的意図を持った政治論文であることを明確に物語っている。

この第一章でベネディクトは「日本軍と日本本土に向けた宣伝（プロパガンダ）において、私たちはどのようなことを言えば、アメリカ人の生命を救い、最後の一人まで徹底抗戦するという日本人の決意をくじくことができるだろうか」と記している。

また第三章では、階層制度を日本人の倫理体系の根底にある本質的なものとし、階層の意識と階層制度の強行、そしてその制度への信頼こそが日本人を理解するキーワードであり、「日本ではカースト（階層制度）がその有史時代を一貫する生活原理であった」として、次のように述べている。

秩序と階層制度に対する彼らの信頼と、自由と平等に対するわれわれの信仰とは、まったく対極にある。われわれアメリカ人は、階層制度を社会機構にとって必要な要素と見なすことはできない。……「平等」は、よりよき世界の実現を願うアメリカ人にとって、最も崇高で道徳的な基礎をなすものである。……われわれは、われわれ自身がそれを侵害するときでさえなお、平等の徳を支持する。そして正しい憤りを持って「階層制度」と戦う。

このようにベネディクトは日米の文化の相違を「秩序と階層制度」と「自由と平等」との対比でとらえた。

第三章では、責務の体系に「階層制度」の概念を導入して日本社会の本質の解明を試み、「各人が自分にふさわしい位置を占める」という階層制度への信頼が「万邦《ばんぽう》ヲシテ各々《おのおの》其《そ》ノ所ヲ得シメ」という三国同盟調印および対米宣戦布告の詔書に発展したと分析した。

そして、最終章ではアメリカの対日占領の意義について、「アメリカにおいてわれわれは、講和条件を厳格にすべきか、寛大にすべきか、ということについて果てしない議論を繰り返してきた。真の問題は、厳格か、寛大か、にあるのではない。大事なことは、多すぎず、少なすぎず、必要程度の厳格さをもって、（日本人の）古くて危険な侵略的（攻撃的）性質の型を打破し、新しい目標へと向かわせることである。どういう手段を選ぶかということは、その国民の性格により、またその国の伝統的社会秩序によって定まる」と述べ、その「(日本人の)古くて危険な侵略的(攻撃的)性質」の根底には、内なる基準に基づく欧米の「罪の文化」とは「異質な」外なる基準(他者の目)に基づく「恥の文化」がある、と単純な二分法論理でとらえた。

善と悪、精神と肉体を対立的にとらえるベネディクトに対して、民俗学者の柳田國男は、日本人の道徳律の中心に仏法の「罪業観」が存在することを指摘し、次のように反論している。

　中古以来の文献はさらなり、私ほど年取つた者の普通の見聞でも、日本人の大多数の者ほど「罪」といふ言葉を朝夕口にして居た民族は、西洋の基督《キリスト》教国にも少なかつたらう。……ベネヂクトは此《この》本の中で、仏法の教へが是《これ》ほど深く入込んだ国なのに、輪廻《りんね》転生《てんしょう》の教理が一向に体得せられて居ないのは不思議だと、いふやうなことを書いて居たと思ふが、それは明白に事実と反する。第一に仏教の力は、実は一部にしか行はれて居なかつたにも拘《かかわ》らず、この罪業観ばかりは最も弘く徹底してゐるのである。……日本人のあきらめの良さは、この世の悩み苦しみを悉《ことごと》く、前の生に於《お》ける我が魂の悪業に基づくものと解して、愈々《いよいよ》今生の行為を慎しまうとしたのであつた。神道の罪は祓《はら》ひと贖《あがな》ひとによつて、この世ながらに浄め消すことが出来たのに反して、仏法ではそれを次々の生まで、持ち越すものと教へられた為《ため》に、イングヮという言葉が、つひにこの不可解なる悲痛事の、別名ともなつたのである。（「尋常人の人生観」『民族学研究』第十四巻第四号、一九五〇年五月）

『菊と刀』に対する日本人の批評として次に注目されるのは、『思想』一九四七年三月号所収の鶴見和子「『菊と刀』――アメリカ人のみた日本的道徳観」と題する書評において、「彼女は、日本人の性格の特質が何によつて条件づけられているかとゆうと、基本的には封建的位階制度であり、特殊的には子供の頃のしつけの仕方であるとみている。そしてその封建的位階制度が日本における資本主義の発展にともない、いかに崩壊し、またいかに温存されてきたかの変貌《へんぼう》を考慮にいれていない」「彼女は、軍人勅諭、教育勅語および戦時中の陸海軍、情報局の宣伝、戦時中の宣伝映画等にあらわれた、支配階級のイデオロギーの分析によつて、日本人全体の考え方を代表させている」と指摘していることである。

また、前述した柳田國男の論文が掲載された一九五〇年五月の『民族学研究』の特集「ルース・ベネディクト『菊と刀』の与えるもの」には、柳田のほかにも法学者川島武宜の「評価と批判」、社会心理学者の南博の「社会心理学の立場から」、農村社会学者の有賀喜左衛門の「日本社会構造における階層制の問題」、和辻哲郎の「科学的価値に対する疑問」といった論文が掲載された。

川島は資料の豊富さに感嘆し、高く評価、南はベネディクトがインタビューした日本人が偏っており、サンプルとして用いられた文学や映画が古く、「複雑な現代日本人の社会心理を解明する助けとなる程のものではない」と批判、有賀はベネディクトが上下関係を「義務」、平等関係を「義理」ととらえるのは正しくないと批判した。和辻も、論ずるに値しない本であるとして酷評し、ベネディクトが日本人の特性であるとする「各得其所（各人は与えられたそれぞれの境遇に満足する）」という標語に関連して、次のように厳しく批判している。

これを侵略主義者が標語に使つたからと云つて、この語自体に侵略主義的な意味を附するのは強弁といふほかはありません。況《いわ》んやこの標語が日本文化の型の核心である階層制度を表現してゐるといふに至つては、非常な独断であります。

さらに、宗教学者の山折哲雄は、ルース・ベネディクト『日本人の行動パターン』（福井七子訳、NHK出版）の解説において、「アメリカの戦時情報局のためにおこなった政策研究であったという性格は、まず動かない。……文化の相対性という『自己批判的精神』が完全に失われている」「重心を低くして、ひそかに獲物にねらいを定めていた」「武士道道徳と天皇信仰にぴたり照準を合わせていた」「戦闘的な政治学の論文」「『菊と刀』には、いわば文化人類学的粉飾がほどこされていた。それだけにこの作品は、しばしば人類学的批判や政治・社会学的な非難にさらされる運命を免れることができなかった。粉飾の背後に隠された本来の意図がかぎつけられ、おそらくその二重構造にいら立ちの声が投げつけられたのだ」と指摘している。

ミアーズへの冷評

文化人類学者は「文化相対主義」「文化多元主義」の立場に立って、異文化理解において自らの文化的尺度を当てはめず、異文化に対して寛容な研究態度をとることが求められる。アメリカの人類学者ルース・ベネディクトの「日本人の国民性」研究の最大の問題点は、人類学の名の下に「罪の文化」と「恥の文化」という単純な二分法論理の文化の型で分類し、自文化中心的な不寛容な研究態度で異文化を理解し、日本人と日本文化を断罪したことにある。

一方、ベネディクトが『菊と刀』第十三章で指摘した「(日本人の)古くて危険な侵略的(攻撃的)性質」、すなわち「伝統的攻撃性」「本性に根ざす軍国主義」という仮説に異を唱えたのが『アメリカの鏡・日本』を著したヘレン・ミアーズであった。

一九四八年にアメリカで出版された本書の中で、ミアーズは「二重人格性」「恐ろしいまでの無神経さ」をキーワードとする対日「占領政策の特徴」の背景には、「日本人は伝統的に好戦的であり、世界征服の野望を抱き続けてきた」という根拠のない日本人の国民性に対する偏見があったとして、次のように指摘している。

日本民族は生まれつき侵略的であると考えるものにとって、日本史の事実はきわめて都合が悪い。……この「生まれつきの」軍国主義なるものを、日本人の過去に求めるとすれば、十六世紀、朝鮮に攻め入った孤独な将軍の失敗の記録ぐらいのものだ。しかし、この遠征をとらえて日本民族を生まれつきの軍国主義者と決めつけるなら、スペイン、ポルトガル、イギリス、オランダ、フランス、ロシア、そして私たち自身のことはどう性格づけしたらいいのだろう。これらの諸国の将軍、提督、艦長、民間人は十五世紀から、まさしく「世界征服」をめざして続々と海を渡ったではないか。……私たちの非難は、むしろ、明治までの日本がいかに拡張主義でなかったか、これに対してヨーロッパ諸国がいかに拡張主義であったか、をきわだたせる。……私たちは日本人の、「本性に根ざす伝統的軍国主義」を告発した。しかし、告発はブーメランなのだ。

ブーメランは投げると戻ってくる狩猟用具であるが、裁かれるべきは日本の伝統文化や神道ではなく「私たちのパワー・ポリティクスが育てたミニ西洋列強なのだ」とミアーズは言う。そして、GHQの神道指令についても次のように厳しく批判している。

私たちは最初の占領軍指令で、日本の国教である国家神道を本来侵略的であるとして禁止した。私たちより極東の歴史に詳しいアジア人は、この皮肉に気づくだろう。なぜなら、私たちが神道の告発につかっている論理を証拠につかえば、キリスト教を侵略的で好戦的な宗教として裁くほうがやさしいからだ。……今日、神道を「野蛮な好戦的宗教」として裁こうとしても、日本が近代までに神道を外国侵略のダイナミックな先兵につかった例は、一つも見つけられないだろう。むしろ、日本人は西洋人から宗教を帝国主義の手段としてつかう見事な手本を見せてもらったのである。

神道と天皇制と共に、占領軍が重視したのは歴史の書き換えであった。「戦争願望」を醸成する日本の好戦的システムは、神話を史実として教え、「歴史の国家主義的側面と嘘《うそ》の歴史を教えてきた」ことにあったと考えた。そこで、ＧＨＱは一九四五年十二月三十一日に「修身、日本歴史、地理の授業停止」の指令を出し、新たな歴史教科書の編纂《へんさん》を命じ、その内容を厳しくチェックした。この問題について、ミアーズは次のように指摘している。

占領軍が被占領国民の歴史を検閲することが、本当に民主的であるかどうか、アメリカ人はもっと議論する必要がある。私たち自身が日本の歴史を著しく歪曲《わいきょく》してきた。……もはやアメリカ人は日本の歴史家たちが現実を直視していないとか、不正確な歴史記述をしているといって非難できる立場にはいないのだ。戦争中私たち自身がほしいままにしてきた歪曲に比べれば、歴史の中に神話を入れるほうがまだ正しい。神話は科学的には正しくなくても、詩的には正しいということができるからだ。神話は長い歴史を経て完成した日本文明の象徴にすぎない。

しかし、この本がアメリカで出版された当時の受けとめ方はかなり厳しいものであった。筆者が目を通した同書の論評は二十以上に及ぶが、その中で最も目を引くのがニューヨーク・タイムズの編集者ホスター・ヘイリーとミアーズが同紙上で展開した論争である。

まず、ヘイリーが一九四八年九月十九日付同紙の書評欄で、「日本のための弁明」と題して、「政策に対する批判は正当」と一定の評価をしつつも、「彼女は日本人を美化しすぎる。日本が中国で行った蛮行を見逃している」などと厳しく批判した。

これに対してミアーズは同年十月十七日付同紙で大要次のように反論している。

私は繰り返し日本人のアジアにおける行動は侵略であると非難している。彼らの罪は重大で情状酌量の余地はまったくないという判断を、できる限り強力な表現で述べている。どこにも書いていない日本人擁護の大風呂敷を強調して、ヘイリーは私の本の議論から目をそらそうとしている。私は日本人を無罪放免するために考察しているのでは断じてない。外交関係に関して論争のある意見を表明する本が、偏見のない書評を書いてもらえるかが問題なのだ。ヘイリーは、私が偏見のある論文を書いたという根拠で私の本を非難している。読者がこのような重大な問題に関するヘイリーの意見を認める前に、読者はヘイリー氏自身が偏見を持っていないかどうか知る権利がある。

これに対してヘイリーは同日付同紙で、「私たち二人のどちらが客観的立場をとっているか、私は推薦できないが、この本を読むことで判断できる。彼女は、強烈な宣伝のように、私を偏見を持った評者として糾弾しているといってよいが、私自身は認めない非難である」と反論している。

ミアーズに対する、新聞等でのその他の批判的論評を列挙してみよう。

・人々に論争をかき立てるものだ。闘争的な手法で書かれているので、実際にこれを読んだ人々の多くを敵に回すことは確かだ。(“New Yorker”)

・狂信的であり、リアリズムに欠けているため、それがこの本の価値を損ねている。(“Library”)

・日本占領に関する、まったく不要な重要でない論文であるが、ミアーズの現代史の解釈が過激なものであれ、アメリカ人が読んだほうがいいと思われる。（“Saturday Review of Literature”）

・十六世紀からの日本の歴史と文化の洞察力ある調査を通して、ミアーズは、日本は多かれ少なかれ、西欧文明の鏡以外の何物でもないという彼女の説を立証するため、公式記録から得た確証のない事実や引用を提示している。（“Newsweek”）

・ミアーズは、時には信念が表現技術を上回って圧倒している。その結果、彼女の議論は曖昧《あいまい》になることがしばしばあり、緩慢に終わっている。結果的に少々うんざり気味であるが、説得力はある。（“Commonweal”）

次に、学術雑誌に掲載された批判的な書評を見てみたい。

・ミアーズの本は、大胆で真摯《しんし》ではあるが、所詮《しょせん》、一女性の感情的な表現にすぎないのであって、これを近現代の国際関係問題に対するまともな分析として取り扱うことは、まったく不適切であろう。（“Far Eastern Survey”）

・明らかな事実誤認、行き過ぎた簡略化、さらには無理な推論の数々など、この作品は学部生論文レベルにすら達していない。プロの歴史家にとっても意味のある内容など、ここにはまったく見当たらない。（"The Missisippi Valley Historical Review"）

・この本の大部分は、米英を攻撃することに向けられている。というのも、ミアーズによれば、日本が侵略政策を取ったことの責任の大半が、この二国に帰せられるからである。ミアーズは必ずしも適切な知識を持たず（偏見のない歴史家の訓練を受けていない）、アメリカ政府の政策を批判し、国務省に対する情報不足の攻撃は世界情勢の解決には役立たない。（"Pacific Affairs"）

・米英の観点から論述されているものが何もないという点で事実を歪曲している。（同書）

・今、アメリカ人が興味を持っているのは、歴史をどう解決するかではなく、日本の当面の課題をどう処理するかだ。（"The Pacific Historical Review"）

次のような、ミアーズを評価する書評もある。

・ミアーズは非常に興味深い価値のある資料、特に米戦略爆撃調査報告を紹介している。彼女は、日本が壊滅状態にあったことは、原爆の投下が悲劇であり、アメリカ側の残酷な過誤であることを立証していると指摘する。この事実は有効であり、議論の余地はないが、推論は危険である。壊滅状態、平和の模索があったとしても、原爆投下または日本本土の侵攻なしで、戦争が連合国の容認する条件で終結したであろうと結論づける「証拠」にはならない。本書は知的関心とアメリカの戦後政策に対する批判精神を駆り立てるのに有効に機能するだろう。

・自らを改革できない者が日本を改革しようとすることほど馬鹿《ばか》げたことはない。彼女は占領の毎日を犯罪と見なし、理由なき抑圧、日本人全体に対するこれ見よがしの処罰であると見なしている。占領の軍事目的は二、三か月以内に成し遂げられていた。それ以後の私たちの目的は、日本を私たちの経済的・政治的保障に従属せしめようとする方向に向けられている。日本は今や第二のフィリピンへの道を歩んでいる。ミアーズの論旨に批判を加えるよりも、彼女の論旨を吟味することのほうが大切だ。すべての歴史は、ある特定の視点から書かれるもので、私たちの視点、日本人の視点、そしてミアーズの視点がある。問題の基本は、その視点の妥当性を誰が決めるかである。東アジアの歴史家が、日本人・アメリカ人のどちらにも偏らず、包括的観点で正当な重みを与えられた視点を提示し、出来事を自分たちの立場に立って観察し、出来事を説明し直すことができて初めて最終評価が出るのだ。私たちの発言は大きく、東洋は沈黙している。これは、日本の立場から見ても現在議論の沸騰するところである。（“Southwest Review”）

また、戦前に日本を訪れて熊本県でフィールドワークを行い、『日本の村——須恵村』を出版したアメリカの社会人類学者ジョン・エンブリーは、次のように述べる。

真に重要なのは、アジアの国である日本が、西欧と政治的に対等な立場で振舞おうとしたことである。この事実はしばしば無視されるが、日本と西欧との衝突、そしてさらには、アジア諸国全体と西欧との問題を説明する上で多分最も重要な点であろう。……国際関係を考えるとき、人権問題は本質的であり、ミアーズの本はこの問題を初めて真面目に取り上げた。その意味で『アメリカの鏡・日本』は、国家間の社会学を論じる重要な作品である。

このようにミアーズの本質的な問題提起を真摯に受けとめ、公正に吟味し評価しようとする論評も見られたが、厳しい不当な批判が目立った。

占領下の時勢を考慮すればやむをえない面もあるが、ミアーズを「偏見のある論文を書いたという根拠で非難している」と評価した論者自身は偏見を持っていないのか、とミアーズが反論せざるをえないほど、偏見に満ちた不当な非難が行われ、さらにはマッカーサーによって日本での翻訳出版が禁止された。その後も、この本のゆえに日本擁護者としてミアーズが批判され続けたことは、まったく不当で理不尽といわざるをえない。

次にこれらを踏まえて、ベネディクトとミアーズという二人の文化人類学者の研究態度の違いが浮き彫りにしたものは何だったのかを考察していく。

「公平な正義」とは何か

ヘレン・ミアーズの『アメリカの鏡・日本』の翻訳出版がマッカーサーによって禁止になったと述べたが、一体なぜマッカーサーはこれを禁止したのか。主権回復後の一九五三年に文藝春秋新社より出版された『アメリカの反省――アメリカ人の鏡としての日本』の訳者である原百代は、この点について「訳者あとがき」で次のように述べている。

当時の制約として、勿論《もちろん》、GHQの許可を得なければならなかった。友人二、三の忠告により、私は真心こめた長い嘆願書をした丶めて、CIEに提出した。……然《しか》し結局は、無駄であつた。遂《つい》には私自身、自発的にCIEを訪れ、懇願し、嘆願したのであつたが、……この時応接されたホィーラー氏なる役人は、終始私から目をそらしてゐた。誠に困却し切つた表情であつた。こちらでかへつて「そんなに心配しないで下さい」、といつてあげたくなるやうな表情だつた。私の頬に熱いものが滴々と伝はつて来るのを感じて、不意に私は、自分が泣いてゐるのを覚えて、す丶り上げた。そして「これ程、条理を尽して頼むのに、何故、いけないのか？　いけないならいけないで、何故、不可なのか、その明確な理由を与へてはくれないのか？」といふやうな意味のことを叫んだ。優しさうな二世らしい青年が、しきりになだめてくれた。ホィーラー氏は、たうとうくるりと後ろを向いて、「結局、どうしても許可できないのだから、彼女は、もう帰るべき時であることを覚つてほしい」と、壁に向つて呟《つぶや》くやうにいつた……。その後の嘆願に於《お》いても、何ら条理立つた不許可の理由は明示されなかつた。

同書をアメリカで出版したホートン・ミフリン社もGHQに翻訳出版の許可を求めたが、認められなかった。

この一連の経緯とその理由が、アメリカ戦時情報局（OWI）で対日宣伝ビラの作成を担当し、後にGHQの民間情報教育局（CIE）の情報課長として映画出版などのメディア政策を担当したドン・ブラウンの文書（横浜開港資料館所蔵）によって明らかになった。一九四八年にホートン社から同書の原書が出版されたが、翌年六月に“The Saturday Evening Post”誌上でミアーズが占領政策を批判し、マッカーサーがこれに反論して大問題となった。このころ、暁書房がホートン社に申請した翻訳出版許可に対して、マッカーサーから不許可の回答書が出されたわけだが、それは翻訳出版制度の実施責任者のドン・ブラウンの次のような回答を踏まえたものであった。

戦争責任があるのは日本ではなくアメリカであり、占領は日本国民を隷属化するものである、というのがこの図書の主題である。……アメリカの納税者の支払う多大な費用を使って軍事占領している日本において、彼女の考えは、アメリカ国民を納得させたり、あるいはそれ以上の影響を与えるには程遠い少数意見でしかない。これらの主題の中には、戦前、戦中に日本人の思考を支配し、行動を規定していた考えを再構築し、支援するものがある。占領に関する主題は、占領に憤り、反対する理由を持つあらゆる日本人の態度を反映している。東京という視点に立つと、日本でこの図書を出版することは、反動主義者と共産主義者の両方を強化し、日本の再建という仕事に懸命に取り組んでいる中道派の多数を混乱に陥れるのに加担するようなことになるという思いから逃れがたい。

マッカーサー記念館が所蔵するマッカーサー書簡（友人ラベル・トンプソン宛、一九四九年八月六日付）によれば、彼は出版を許可しなかった理由を次のように説明している。前述したブラウンの回答を踏まえたものと推察される。

私はいかなる形の検閲や表現の自由の制限も嫌悪しているから、自らこの著作を検討したが、この本はプロパガンダ（宣伝）であり、公共の安全を脅かすものであって、占領下の日本でこの本を出版することに何の正当性も認められない。ソビエトの情報から得た宣伝とは言わないが、偏向、虚説、そして歴史記録の歪曲《わいきょく》の手法をこの本は駆使している。日本の過去の侵略（aggression）の記録を正当化し、合衆国の歴史記録を中傷することを目的として、このように歪曲され誤った言及をしたならば、日本人の心に自己正当化の感情を喚起するだけであり、その結果、占領軍の安全に対する脅威となり、占領政策遂行の妨害となる。大多数の日本人に混乱と狼狽《ろうばい》をもたらすことになり、わが国に対する潜在的敵対感を助長することになる。そうなると、この本が述べている、まさに同じ正義を防衛するために、太平洋で生命を犠牲にして英雄的な死を遂げた人たちに対する裏切りになろう。

同書の内容は、マッカーサーが言うように「正義を防衛するために、太平洋で生命を犠牲にして英雄的な死を遂げた人たちに対する裏切り」になるのであろうか。アメリカ第六代大統領ジョン・クインシー・アダムズが予言したように、「公平な正義」を語ってきたアメリカは自由から権力に推移し、アメリカはもはや、アメリカ独自の精神の支配者ではなくなってしまった。むしろ、アダムズが強調した「誠実な友情、公平な正義、寛大な互恵主義」というアメリカ独自の精神はミアーズの著作のほうに見事に引き継がれているといえるのではないか。ミアーズは決して日本礼賛者ではなく、日本が犯した重大な犯罪には「情状酌量の余地がない」とまで言い切っている。彼女を貫いていたのは、相手の立場に立って公平に歴史を見直そうとする「公平な正義」の姿勢である。

ヘレン・ミアーズ文書を保存する米スワースモア大学

そして私たちが同書の内容のほかに最も問題にしなければならないのは、この本がわが国で一九五三年に翻訳出版されていたにもかかわらず、国内で議論が沸騰するどころか、真正面からミアーズの問題提起を受けとめる思想的主体性をまったく欠いていた点である。訳者の原は、次に引用する「訳者あとがき」の中でそのことを問題提起しているのではないか。

この書こそ、「アメリカ人の鏡」であると同時に、日本人にとつても、己が真の姿を、殊には終戦後の日本人一部のありのまゝの姿を、反射する明鏡にもなるのだ。……我々日本人の中に、占領中はおろか、独立後の今日に至つてもなほ、決して征服者アメリカ人に対する遠慮とか、皮相的な同調からではなくて、本心から、アジアへの認識をはじめとして、文化、教育、政治、百般の観念に於いて、アメリカの、しかも正鵠《せいこく》を失したアメリカの対日観念を、そのまゝ鵜呑《うの》みにしてゐる人々、換言すれば、アメリカ人の眼の、しかも歪《ゆが》んだレンズを通した、そのまゝの姿で、己が祖国日本を観てゐる人々が、数尠《すくな》くない事実、しかも自他共に、敗戦後の新日本の指導者を以《も》つて任ずる所謂《いわゆる》、文化人、知識人と称する人士の間にも、かういふ人々の相当数が、現に夫々《それぞれ》の分野に於いて、指導者として活躍してゐる一事を思ふ時、この書は正に、日本国民への頂門《ちょうもん》の一針《いっしん》である。

当時のアメリカにおける日本人への偏見について、マサチューセッツ工科大学名誉教授で歴史学者のジョン・ダワーは、「原始性とその同種のもの（凶暴性、野蛮、同族意識）は、敵国日本に関する連合国の日々の論評の中であっただけでなく、あたかも歴史的または人類学的な観察結果であるかのように言われるのが常だった」と述べているが、戦前に日本でフィールドワークを行った社会人類学者ジョン・エンブリーも「人類学における自民族中心主義に一言」と題する論文において次のように明確に批判していることは注目に値する。

われわれ人類学者は文化に関して客観的であることに誇りを持っている。われわれは文化相対主義の立場に立っている。……しかし、戦争の危機が起こり……われわれは突然自らの客観性を失ってしまったようだし、反対の立場にある小国民は悪であり不健全であり、あるいはよくて未熟な文化であるに違いないと決めつけた。

日本人が劣等人種であるとして非難することはできないのであるが、人類学者の中には非難することができるとする者もあり、日本の社会は西欧の社会とは異なっている一人類学的陳述と認められている、と述べようとする者さえいた。そればかりでなく、彼らの文化が特異であるから、日本人を戦闘的に――個人的には攻撃的に、国家としては拡張主義的に――していると主張する者も何人かいる。この主張は、トイレット・トレーニング、天皇崇拝、食生活に関する独創的な理論を拠り所にしている。個人の心理的反応から子供のトレーニング習慣へ飛躍したり、二国間あるいはそれ以上の国家間の関係、経済的発展、歴史的発展と交流を含む国際関係の現象へと飛躍するのは方法論的に無理があると考えている者はわずかしかいない。

日本人の真の背信行為は、産業化によって自身が西欧化したと見なし、突然自らの文化が自尊できるものであると分かったことである。占領軍の目的は、可能ならば、この文化的プライドの傷跡を「民主化」と呼ばれるプロセスを通じて払拭《ふっしょく》することであった。

現在最も裕福で最強な国家であるアメリカが、他国の民族と文化を絶滅すべきでないならば、自己規制を学ぶべきであるのと同じように、知的指導の機会に恵まれているアメリカの人類学者は、自身の文化と彼ら自身の本来の目的の視野を見失わない程度に、他国の生活・思考・行動様式を愛することに気づかなければならない。

さらに、人類学者のデイビッド・プライスは『人類学的知性』において、次のように指摘している。

エンブリーが認識したことは、日本社会に対する多くの軍事情報研究が二次研究資料に基づいているので、それらが検証なしの反日ステレオタイプを繰り返していることである。……エンブリーが懸念していることは、研究を論争に適用していると、価値観の尺度を示すものとしてたった一つのことをその文化と見なす誤認に人類学者たちが陥ってしまうことである。……エンブリーは経済的、人口統計的、地勢学的要因を調べた。彼は、日本の軍国主義のルーツは、関税規制と島国的環境による天然資源不足にあるのであって、仮説とされているような内面的心理的欠陥によるものではないと考えた。また、ＯＷＩに最初に雇われた文化人類学者のクライド・クラックホーンは「日本人の倫理観は状況主義である」として、次のように指摘している。

既存の社会構造をある程度継続的に存続させ、既成の制度を基盤にして再構成することは、長期的に見て常に効果的であることを人類学者は立証した。このことは、「間接統治」の原則を構築したときに、英国の人類学者が示してきていた。もしアメリカおよび連合国が日本から君主制を排除することを望むなら、われわれが巧妙に状況を扱い、賢明な教育計画を採用することで、日本人自身によって排除されるよう仕向けるべきだ。制度が外部からの力によって破壊された場合、通常はその報いがあり、内部からの破壊的な反発が生じる。もし文化の型が内在的発達の結果として崩壊するならば、変革は維持される可能性が高い。

アメリカが「教育の民主化」の美名の下に、間接統治によって「精神的武装解除」すなわち内部からの自己崩壊をめざしたのも、実利的な見地、つまりコストの面での利点からであった。ルース・ベネディクトやジェフリー・ゴーラーら文化人類学者が立てた、日本人には「内面的心理的欠陥」があるという仮説が、そのために戦略的に利用されたことの問題点を明確に指摘したエンブリーは、一九五〇年、ＦＢＩによって自動車事故を装って暗殺された。

ミアーズの『アメリカの鏡・日本』から、彼女が日本を弁護するような部分のみを取り上げるのではなく、日本の「不都合な真実」も直視し、日本への厳しい批判を含めたトータルな知的態度と問題提起に学ぶ必要があろう。反米でも親米でもないホリスティック（全包括的）な視野に立った歴史観を持つことが、私たちに求められている。

日本文化論『武士の娘』が解いた〝誤解〟

第二次世界大戦中、連合国側の日本人に対するイメージは、同じく「敵国」だったドイツやイタリアと比べ、極端に非人間的で理解不可能というものであった。こうした日本人に対する偏見、差別意識は、連合国のプロパガンダによって拍車がかけられ、アメリカでは一般人からホワイトハウスにかかわる人々にまで広く深く浸透していた。

具体的なイメージとしては、①原始的で文明化されておらず、人種的に程度の低い民族である（日本人はよくサルとして描かれることがこの考えを反映している）、②幼稚で未熟、③精神的に不安定な民族である（強迫神経症等）、という三つの特徴があり、兵士も研究者もエリートも同様の偏見、差別意識を共有していた。

さらに、日本人にしかないこのような特徴を確認できれば、それを利用して日本人のみを殺す武器を開発することができるかもしれない。そのために日本人の体の人種的および文化的な独自性を明確にせよ、というアメリカの政府機関の指示を受け、文化人類学者がまとめた報告書が存在する。

著者の名前が公開されていないその報告書を読むと、日本人だけが持っている特徴を確認

第三章　ベネディクトとミアーズの比較考察

することができなかったにもかかわらず、助言として、日本人の喉（のど）が比較的弱いため、国内で炭疽菌（たんそきん）をまくことによって効果があるだろうが、家畜や土壌も影響を受けるため、日本の土地を長年利用できないことになるだろう、と書かれている。

第二次世界大戦中、アメリカでは、戦うための動機づけとしてプロパガンダが重要な役割を果たした。

米兵の調査によれば、「アメリカが理想とする『自由』や『民主主義』のために戦っている」と回答した兵士は一〇～一五パーセントにすぎず、大義名分をもって敵を殺すことは困難な状況にあった。そこで、日本人の非人間的なイメージを心理戦略のために故意につくり上げ、人種偏見や差別意識を植えつけることによって、戦争での行動を正当化するために、文化人類学者が利用されたのである。

アメリカの戦時情報局（OWI）に勤務し、「日本論」を研究したイギリスの社会人類学者ジェフリー・ゴーラーも、日本人に対して同様の人種偏見や差別意識を持っていた。ルース・ベネディクトの『菊と刀』第十二章「子供は学ぶ」は、このゴーラーの論文をベースに書かれてはいるが、ベネディクトは日本人を異常な逸脱者として扱うことは望ましくないと考え、日本人捕虜のインタビューを重視した。

美しい「菊」の花を愛でる感性を持ちながら、恐ろしい武器である「刀」を崇拝する、こ

171

の矛盾する日本人の二面性を日本人の立場から説明するために、ベネディクトは杉本鉞子《すぎもとえつこ》の『武士の娘』を第十二章で引用することによって、ゴーラー一辺倒である印象を避け、独自色を打ち出したといえよう。

ルース・ベネディクトは同章において、因襲を背負って生きる武士の娘の姿を描き、日本人女性のイメージをアメリカ人に強く印象づけた杉本鉞子の『武士の娘』を、次のように言い換えながら引用した。

引用された『武士の娘』の原文には次のように書かれていた。

家の庭では、絶えず荒びないように心がけていたのですが、学校のは全くこれと違い、何もかも自由自在に、清新の気に充ち満ちていました。今までの生活と正反対のこの生活を、庭木に見るようにも思い、私はその幸福を心ゆくまで味わうと同時に、人の心の中にもこんな幸福があることを思って、生々した気持ちにみたされました。

『菊と刀』第十二章では、次のように修正されている。

この、何を植えても構わない庭園を与えられたおかげで、私は、今まで知らなかった個人の権利という感覚を知りました。（中略）個人の胸の中にこのような幸福があるという事実は、私にとって驚きでした。

ベネディクトは『武士の娘』の原文を忠実に引用したのではなく、自らの主張を補完するために巧みに手を加え、そのことによって、ゴーラー論文に依拠した第十二章の性格に独自性を取り戻そうとしたものと思われる。

ベネディクトが引用した『武士の娘』の著者、杉本鉞子はどのような人物だったのか。鉞子は新潟・長岡藩の家老、稲垣家の娘として一八七三年に生まれた。二十四歳のとき、子供のころからの婚約者ですでにアメリカで貿易商をしていた杉本松雄を追って渡米し結婚するも、夫・松雄は急逝。いったん帰国するが、二人の娘の教育のため再び渡米。ニューヨークに住み、一九二〇年から七年間、コロンビア大学で初代の担当者として日本語と日本文化史を教えた。

ちなみに、ベネディクトがコロンビア大学を卒業したのは一九二三年であり、蝶《ちょう》のように、そして花のように和服に身を包んでコロンビア大学を歩く鉞子をキャンパスで見る機会があったのではないか。

その鉞子が英語で著した『武士の娘』は当時、海外で高く評価されていた。ルース・ベネディクトが『菊と刀』の第十二章「子供は学ぶ」で引用している日本人側の参考文献は、杉本鉞子の『武士の娘』がメインになっているという事実は、注目に値する。

『武士の娘』は一九二五年にニューヨークのダブルデー・ページ社から出版された、自伝的な要素の濃いフィクションで、前書きによれば、賞賛の手紙を送った人々の中にはノーベル物理学賞を受賞した物理学者アルベルト・アインシュタインや、ノーベル文学賞を受賞したインドの詩人・思想家ラビンドラナート・タゴールも含まれているほど、世界的に注目され、アメリカ、カナダのみならずヨーロッパ諸国において一九三〇年代に次々と翻訳・出版された。

同書が出版された前年には、太平洋岸側の日本人移民に対する一部のアメリカ人の不満と不安が高まって、排日移民法が制定されていたし、日本の大陸進出は、欧米の黄禍論者の矛先を日本に向かわせていた。

そのような雰囲気の中で出版された同書には、数多くの好意的な書評が寄せられ、無理解による日米関係の悪化を緩和する作品としてすぐに評価された。例えば、一九二六年一月十日付のニューヨーク・タイムズは次のような書評を掲載している。

誇り高く敏感な国家、日本に対する無作法なふるまいで、アメリカの法律がその健全さを損なわれているときに、そしてアメリカの盲目的な愛国者が日本の白禍（white peril）に類似した黄禍を叫んでいるときに、このような本は有益であり、尊敬に値する。無口な日本人の胸中を明らかにしたことで、マダム・スギモトは彼女の祖国の武士階級からだけでなく、この国の多くの育ちのよい人々で、両国民間の同情ある理解を欲する人々からの賞讃を受けるであろう。

また、一九三四年に出版された『卓越した自伝の本』（ダブルデー・ドーラン社＝ダブルデー・ページ社の合併後の社名）に『武士の娘』が収められた際の序文には、次のように書かれている。

『武士の娘』が出版されたとき、この本はそれにふさわしい温かい、友好の情にあふれた読者を得、その数は毎年増え続けている。アメリカ合衆国内だけではなく、イギリスでも著者は極東から来た最も高貴な申し分のない日本の説明者（interpreter）の一人として歓迎された。

さらに、杉本鉞子の第三作目の作品『農夫の娘』についての以下の書評が、一九三六年三月二十一日付のイギリスの高級紙タイムズに掲載された。

『武士の娘』の著者の目的をこれ以上なく見事に果たして……おそらくすべての外交努力や、国が行ったプロパガンダよりも数多くの友人を日本のために、ことにアメリカで勝ち得たのである。

『武士の娘』について研究論文がある平川節子によれば、鉞子は『武士の娘』を書いたとき、実にアメリカ人の心理をうまく把握して、ある意味では安心させて書き、しかもそれが自分の愛国心をも満足させる形で仕上げることができたのである。『武士の娘』はアメリカ人読者に好意を抱いてほしいという気持ちを込めて書かれた作品であった。それだからこそ、その作品は読者の心中に、彼女をはじめとする日本人に対して友好的な感情を生み出すことに成功したのである。

このように海外で高い評価を受けた『武士の娘』だったが、鉞子の故郷である長岡の人々の関心を呼ばなかった。長岡藩筆頭家老であった父の稲垣平助は、戊辰《ぼしん》戦争の際、家老でありながら長岡藩を裏切った脱藩者として白眼視され、「弱虫平助」「腰抜け平助」などと呼ばれて排斥されたからである。

そうした当時の長岡の冷ややかな反応を示す興味深い記事が、「北越新報」(一九二九年六月十九日付)に次のように掲載されている。

今日世界的名著を出しても、多くの長岡人はその名さへ知らず、偶々《たまたま》長岡に帰つくと、二三の親戚《しんせき》、友人の外、出迎ふ人のなかつたとは、何と皮肉な話ではありませんか。

ところで、英文で出版された『武士の娘』の日本語訳は一体どのようにしてできあがったのであろうか。訳者の大岩美代はその一端を次のように述べている。

訳出にあたりましては、杉本夫人が手をとらんばかりに導いて下さいました。夫人は御高齢をもおいといなく、前以《もっ》て送り届けておきました原稿を毎月曜日私と交互に音読して下さり、細々《こまごま》と御教え下さいました。朝早くから掃ききよめられたお部屋で夫人とこうして勉強しましたことは、私には生涯忘れられない思い出となりましょう。

大岩によれば、実際は大岩が原稿を読み上げ、鉞子がそれを聴きながら、そこはこう直してください、それは私の言葉遣いではないのでこのようにしてください、といった具合に変えられていったという。

大岩は一年近く鉞子の借家に通い、完成した。大岩との共同作業の中で鉞子が英語の原文を参照することはなく、英文を正確に和訳することよりも日本人の読者に対する配慮に細心の注意を払っていたようである。

鉞子が変更を加えた内容は一体どのようなものであったのか。

まず、「親族会議」に関する章、“In Japan Again”では、未亡人となった鉞子とその娘たちのこれからの身の振り方について夫方の親族が話し合う会議の内容が英文にはあるが、日本語訳では全文削除されている。

鉞子は日米両国の価値観を見事に使い分け、日本批判の内容に手を加えて修正した。

例えば、“The Story of a Marionette”という祖母を扱った原文のタイトルは、鉞子の祖母が操り人形のように自分の主体性を喪失し、すべて自分の夫と生家の関係に振り回されて不幸になっていく点を揶揄《やゆ》したものであるが、日本語訳では「盂蘭盆《うらぼん》」という「まったく気抜けしたもの」（平川節子評）になってしまった。

また、父の平助について、原文（①）では次のように説明されているが、大岩の訳（②）では以下のように省略されている。

①「其頃父は長岡藩の家老であつた、祖父の頓死《とんし》の後を継いで、七歳の時からこの地位に就いてゐたのである。特別の事情のあつたゝめ当時藩政の衝に当るものは、父一人であつて、従つて戊辰戦役中、大名に属する責任を負ひ、その職務を執行せねばならぬこと

になつてゐた」

②「当時父は祖父の急死により、七歳の時から相続していた家老の地位にありました。国家老という重い責任をもつ身でありましたので、御維新の騒ぎの間、父は随分と苦労をいたしました」

両者を比較すると、鉞子の父の社会的立場を明言することを避けて訳文が修正されていることが分かる。この点から見ると、日本語訳よりも原著のほうが、正確に鉞子が記述しているように思われるが、必ずしもそうとはいえない。実は英文の原著は鉞子の原稿をアメリカ人女性が実質上全部書き直したものだからである。

鉞子は『武士の娘』の次に、昭和初期の東京の生活を描いた『成金の娘』を一九三二年に、さらに農村の生活を描いた『農夫の娘』を一九三五年に、続いて日支事変下の東京の愛国心に富んだ庶民生活を描いた『お鏡お祖母さま』を一九四〇年に、各々ニューヨークのダブルデー・ドーラン社から出版しているが、『武士の娘』と他の三冊では明らかに文体が異なっている点に注目する必要がある。

この違いは、『武士の娘』には鉞子が共著者として名を連ねてほしかったが、「表立つことを極端に嫌はれ」たため実現しなかった、アメリカ人女性の文体が反映されていたことに起因していた。

鈹子の娘婿で元慶應義塾大学教授の清岡暎一によれば、原稿を出版社に持っていくと、「これでは売れない。まあ本にはしてあげるが」と言われた。鈹子が〝姉〟として慕い、アメリカで家族として共に生活したフローレンス・ウィルソンに相談すると、彼女は出版社に行って「自分が直すから時間をくれ」と言って、原稿と少しの猶予とをもらってきた。そして、鈹子の原稿を実質上全部書き直し、このことは絶対に言ってはいけないと鈹子に固く口止めした、というのである。

ウィルソンが共著者として全面的に書き直したことを隠したことが本書の価値を高め、外国での高い評価につながっていたといえる。日本人が英語で執筆し、外国人に広く読まれた作品として知られている新渡戸《にとべ》稲造《いなぞう》の『武士道』（一九〇〇年の刊行当時は五か国語に翻訳）よりも多い七か国語に訳されたことからも、当時の国際社会にいかに大きな影響を与えたかが分かる。その背後には隠蔽《いんぺい》された重大な事実があったのである。

第四章　天皇の「人間宣言」をめぐる攻防

新史料で浮かび上がる〝攻防〟

天皇の「人間宣言」（一九四六年一月一日渙発《かんぱつ》）の成立過程を伝える米オレゴン大学ナイト図書館所蔵のウィリアム・P・ウッダード文書の存在については、第一章ですでに述べた。本章では、このウッダード文書と学習院大学所蔵の山梨勝之進《やまなしかつのしん》（元海軍大将・元学習院院長）と浅《あさ》野長光《のながみつ》（学習院事務官）の文書を中心に検証、考察していきたい。

天皇の「人間宣言」は、幣原喜重郎《しではらきじゅうろう》首相が英文で起草し、日本語に訳されるという経緯を経て発せられたものとされるが、その成立過程は不明な点も多かった。ウッダード文書には、数百ページに及ぶ天皇の「人間宣言」関係文書がある。その中でも特に注目されるのは、オリジナル部分と加筆部分・加筆者が分かるように、四色の下線が引かれた史料（①幣原最終草案、②ブライス草案、③幣原オリジナル草案に追加したもの、④ヘンダーソン草案）、ウッダードが作成した年表、ヘンダーソンが作成した「日本の天皇の神性の放棄の秘史」、「平和文庫所収の幣原草案」である。

また、山梨勝之進文書と浅野長光文書には、次のような天皇の「人間宣言」関係文書がある。

A　**山梨勝之進文書**

（1）昭和二十一年一月一日渙発の詔書（「人間宣言」）英文素稿

〔附〕浅野氏による（1）のコピー

（2）詔書英文素稿の日本語訳

（3）詔書英文素稿の末尾削除部分？（原文ママ）

（4）詔書の案文作成、渙発までの手順および留意点等に関する協議メモ

（5）大金益次郎《おおがねますじろう》宮内次官の詔書私案

（6）年頭詔書に対するマッカーサー元帥の声明（英文）

（7）詔書・御影《ぎょえい》・新しい教育〔勅語〕に関する英文断簡

B　**浅野長光文書**

（1）「新年詔書覚書」綴《つづり》

〔イ〕新年詔書の原案（表題は英文）

〔ロ〕詔書関係の英文短章二

〔ハ〕詔書の案文作成、渙発までの手順および留意点等に関する協議メモ

〔ニ〕大金益次郎の詔書私案

〔イ〕～〔二〕とも山梨文書の筆写

天皇の「人間宣言」に関する最も新しい研究書である『日本占領と宗教改革』（岡﨑匡史著、学術出版会）によれば、「『幣原草案』の全文の行方は不明で、現在も調査中である」と述べられているが、オレゴン大学所蔵のウッダード文書から幣原喜重郎首相の草案全文を発見した。

一九四六年一月一日、「新日本建設に関する詔書」、いわゆる天皇の「人間宣言」が渙発されたが、「人間宣言」といわれる箇所は、「天皇ヲ以《もっ》テ現御神《あきつみかみ》トシ、且《かつ》日本国民ヲ以テ他ノ民族ニ優越セル民族ニシテ、延《ひい》テ世界ヲ支配スベキ運命ヲ有ストノ架空ナル観念ニ基クモノニモ非《あら》ズ」と書かれ、英文では、"They are not predicated on the false conception that the Emperor is divine and that the Japanese people are superior to other races and fated to rule the world."と書かれている。

昭和天皇は一九七七年八月二十三日の記者会見で、「あの詔書の一番の目的は五箇条の御《ご》誓文《せいもん》でした。神格（否定）とかは二の問題でありました。当時、アメリカその他の諸外国の勢力が強かったので、国民が圧倒される心配がありました。民主主義を採用されたのは明治大帝のおぼしめしであり、それが五箇条の御誓文です。大帝が神に誓われたものであり、民主主義が輸入のものではないことを示す必要が大いにあった」と語られた。

「人間宣言」の作成には、学習院大学教授として英語を教え、GHQと宮内省の非公式の連絡役をしていたレジナルド・H・ブライスが重要な役割を果たした。天皇の「人間宣言」渙発の経緯の概要は次の通りである。

一九四五年十二月上旬、ブライスは、GHQの民間情報教育局員、ハロルド・G・ヘンダーソン陸軍中佐に、「天皇は自分の神格化を否定したい意向であり、二度とあのように悪用されぬよう」望んでいることを宮内省から聞いたと伝えた。

十二月十五日、ブライスはヘンダーソンが「個人的・非公式な提案」としてまとめた「ヘンダーソン草案」を学習院の山梨勝之進院長に見せ、「ヘンダーソン中佐が、年内にこれと同じようなものを発表したほうがいいと言っている。元日の新聞に出すには二十五日までにできあがらねばならない」と伝えた。

十二月十六日、「ヘンダーソン草案」の“only”という文言のみを削除した「ブライス草案」が翻訳され、山梨勝之進から松平慶民《まつだいらよしたみ》（宮内官僚。後に宮内大臣、宮内府長官）を経て、昭和天皇に伝えられた。

十二月十九日、宮内省から「陛下の思し召し《おぼめ》」として、「五箇条の御誓文」が添えられた詔書案が浅野長光に手渡された。

十二月二十日、ブライスからヘンダーソン、ダイク（GHQ民間情報教育局長）を経て、マッカーサーに報告された。宮内省から草案を焼却するよう要請を受けたプライスは「ヘンダーソン草案」を「自分の目の前で焼くように」ヘンダーソンに懇願し、同案は焼却された。

同日、浅野長光はトイレで吉田茂《よしだしげる》外相に「プライス草案」を手渡し、これを吉田から受け取った幣原首相が英文を推敲《すいこう》した。

十二月二十三日、幣原首相は前田多門《まえだたもん》文相に「人間宣言」の英文案を見せ、「学習院の英語の先生のプライスという人が、しきりに忠告してくれるのだが、こういう際に、天皇陛下がご自身で、いままでよく一般に言われておるような、天皇は神であるという説に対してこれを否定せられ、天皇は別に神ではないのだ。むしろ一人の人格として、敬愛関係によって国民と結びつけられて居るのであるということをご自身で宣言せられてはどうであろう」「今後日本の進路を開いていくのに非常に具合がいいと思うんだが、ちょうど新年に差しかかっておるときだし、いわばお年玉に陛下がそういうことをおっしゃって頂くわけにいかんだろうかということをプライス氏がしきりに言う」(『前田多門　その文・その人』前田多門刊行会)と、草案づくりを依頼。前田は国務大臣兼内閣書記官長の次田大三郎《つぎただいさぶろう》に協力を要請して二日間で最終草案を完成。

十二月二十五日、前田が手直しした草案を幣原首相に手渡し、幣原が推敲して英文草稿が完成。それを総理大臣秘書官の福島慎太郎《ふくしましんたろう》が和訳した。

十二月二十九日、前田は、風邪をこじらせて肺炎になった幣原首相に代わり、昭和天皇に草案の報告をした。昭和天皇は「詔書として今後国の進路としてかように進歩的な方向を指し示す場合に、その事柄がなにも突然に湧《わ》き上がったというわけでなく、わが国としてはすでにかような傾向が、明治大帝以来示されて居るのであり、決して付焼刃ではないという事をも明らかにしたい」（同）と、「五箇条の御誓文」を挿入するよう示唆し、それが「民意を大いに暢達《ちょうたつ》させるとか、旧来の陋習《ろうしゅう》を破り、天地の公道に基くと言う思想は、これから大いに万機公論に決していこう。築き上げる新日本の伏線となるものである」（同）とした。

前田は次田と侍従次長の木下道雄《きのしたみちお》に相談して、詔書の第一節目に「五箇条の御誓文」を引用。天皇の「人間宣言」の作成に決定的な役割を果たした木下道雄は、最大の難点は天皇の神格否定問題であると考え、「日本人が神の裔《すえ》なることを架空と云《い》うは未《いま》だ許すべきも、Emperor を神の裔とすることを架空とすることは断じて許し難い。そこで予はむしろ進んで天皇を現御神とする事を架空なる事に改めようと思った。陛下も此《こ》の点は御賛成である。神の裔にあらずと云う事には御反対である」（木下道雄『側近日誌』文藝春秋）という木下の意見に昭和天皇も同意。

木下はこの神格否定問題について吉田茂外相に相談したが、「大臣は現神《あきつかみ》と云う言葉も知らぬ程国体については低能である。これは驚くべきことなり。これでは Mac（マッカーサー）

司令部に馬鹿《ばか》にせらるるであろう」（同）と厳しく批判。そこで、石渡荘太郎《いしわたそうたろう》宮内大臣と相談して、「天皇を以て神の裔」という表現を「朕を以て現神」と改めるよう前田を説得。「もし改めなければ深刻なる国内議論の抗争に逢う」（同）と警告し、前田も同意。

十二月三十日、木下案をベースに修正を重ねて昭和天皇に奏上し、閣議決定。

十二月三十一日、前田は幣原に報告。幣原は「例のむずけしき神の裔（伝説の件）の一項は是非 Mac（マッカーサー）に示したる原案の通りにして貰《もら》いたい。願えれば御改訂を仰ぎたし」（同）と要望したため、木下はこれに同意し、若干の修正を施して詔書が完成、翌年元日に詔書が渙発された。

岡崎などの先行研究によって以上のような経緯が明らかになっているが、「幣原草案」の全文が不明であったため、幣原が「ヘンダーソン草案」から受け継いだ部分と受け継がなかった部分、「幣原草案」が最終案に受け継がれた部分と受け継がれなかった部分が分からなかった。今回、ウッダード文書中の「幣原草案」の発見によってこの点を解明することが可能になった。以下、この点について考察していきたい。

学習院大学所蔵の山梨勝之進文書と浅野長光文書には、焼却された「ヘンダーソン草案」を浅野長光が書き写したものが、現存する唯一の史料として残されている。それによれば、「ヘンダーソン草案」は以下の通りである。

今や新年であり、新日本にとり新しき年であり、世界は今や国家より人類を最大の目標となす新理想を有するのである。同胞愛は自然の愛情に基づくものであり、家族の愛情であり、国民の愛情であり、而《しこう》して人類の愛情に基礎を有するものである。我が国に於《お》いては家族愛と国民愛とは常に特に強かつた。されば、人類愛へと努力しよう。

天皇と国民とは非常に強く結ばれている。しかし、かかる結合は、神話、伝説のみによるものでなく、又、日本人は神の子孫であり、他の国民より優れ、他を支配する運命を有すといふ誤れる観念に基づくものではない。幾千年の献身と熱愛により、錬出された信用の絆《きずな》であり、愛情の絆である。

忠節は常に我々の信仰上にも政治上にも信念として最大の特質であつた。過去かく忠節至上主義で来たが、将来もその通り継続しよう。家族の間に於いて、国民の間に於いて、互いに忠節であらう。而して国家への忠節は、家族へのそれより偉大である様に、人類に対する忠節は、国家への忠節の上に行くものである。

我が大都市の現状、社会にみなぎる失業、貿易の停滞、貧者の困窮は誠に悲しむべき断腸の思いがする。都市を再建し、各人に職を与へ必需品を製造して新しき自由な日本として世界の友邦に伍《ご》して行こう。我々の勇気と忠節と再建能力、理想愛に於いて我が国は他に類をみないことを世界に示そう。そして、かくして人類の幸福と安寧に一途に

貢献しよう。（A）

同文書によれば、英文素稿は東京の文具店「丸山」が納めた薄茶色の陸軍の罫紙《けいし》四枚に鉛筆書きされており、「用紙不足の当時、学習院は通常の書類にも陸軍罫紙を用いたが、この素稿では右下欄外の『陸軍』の部分が切り取られている」との説明が付されている。ちなみに、和文も同じ陸軍罫紙を使用しており、欄外の「陸軍」の切り取りも同様である。

英文の欄外には作成に関与した「ダイク、ヘンダーソン、ブライス、山梨」の名前が列記され、その下に一九二〇年十二月十五―二十日と書かれ、そこに浅野の印鑑が押されている。

同文書の「注」によれば、「一九二〇年は西暦に昭和二十年が混入し、一九四五年を一九二〇年と書き誤ったものであろう」と記されている。また、「第一葉十三行目の only に下線が施されていることに注意」と書かれており、この単語を削除したものが「ブライス草案」であることを裏づけている。

注目されるのは、同文書に和訳は見当たらないが、「詔書英文素稿の末尾削除部分？」というタイトルで書かれた以下の英文が、「高橋久晃堂」が納めた「陸軍」罫紙に鉛筆書きで記されていることである。

His Majesty disavows entirely any deification or mythologizing of his own person.

この英文が和訳されていない理由は不明であるが、「陛下は自らの人格のいかなる神格化、神話化も完全に否定あらせられる」と、神格化と神話化を併記することは問題があると判断したためと推察される。

伝統精神尊重の原点を明示した昭和天皇

「ヘンダーソン草案」が残されている学習院大学には、同時期にGHQの独自のプランの基盤の上に書かれているように見受けられる大金益次郎《おおがねますじろう》宮内次官（昭和天皇の全国御巡幸の企画、立案、実施の中心人物）の、以下の五項目に及ぶ「大金私案」が保管されている。同私案も東京・丸山納「陸軍」罫紙《けいし》に鉛筆書きで記載され、欄外の「陸軍」が切り取られており、山梨勝之進《やまなしかつのしん》に届けられたが、日の目を見なかった。ちなみに、山梨がブライスを通して同案を見たとき、「GHQに」と書かれていたが、手書きのメモで「ノー」と記されている。「その内容が消極的という理由から棄却された」とウッダード文書にはあるが、詳細は不明である。

一、国土、民族に対する偏狭固陋《ころう》なる独善的態度を一洗し、列邦、諸民族の伝統と文化とを尊重し、謙虚を以《もっ》て信義を四海《しかい》に高むへし

一、国体に関し、凝結せられたる神秘的信条は動《やや》もすれば形式に於《おい》て皇室を崇敬して実は之《これ》を遠さけるのみ、速やかに之を払拭《ふっしょく》し以て君民直結、上下一体の実現を期すへし

一、自由を尊重し平和を愛好し、文化を向上し、世界人類の幸福に寄与せむとする理想の下

に、反省自彊《じきょう》を以て教育に一新生面を開拓すへし

一、同胞相愛の熱情を振起し、国民皆労、有無相通し、上下相扶《あいたす》け、公共の福利に挺身《ていしん》し以て終戦後の難局打開に努むへし

一、朕は衆庶と共に躬行《きゅうこう》実践を以て国歩艱難《かんなん》を克服し、新日本の建設に邁進《まいしん》せんことを期す

ところで、前述した「幣原《しではら》草案」は「ヘンダーソン草案」を推敲《すいこう》した内容といえるが、ウッダード文書から発見されたその全文は次の通りである。この草案には天皇の「人間宣言」の最終原稿に反映されていない棄却された箇所が含まれている点が注目される。

ここに新年を迎える。五箇条の御誓文《ごせいもん》——過去の誤った行いの除去に向け、また国民の希望にできるだけ沿いながら、私たちは新しい日本を打ちたてよう。

大小都市の蒙《こうむ》りたる戦禍、罹患者《りかんしゃ》の艱苦、産業の停頓《ていとん》、食糧の不足、失業者増加の趨《すう》勢《せい》等は真に心を痛ましむるものあり、然《しか》りと雖《いえど》も、我国民が現在の試練に直面し、且《か》つ徹頭徹尾文明の平和を求むるの決意固く、克《よ》く其《そ》の結束を全うせば、独り我国のみならず、全人類の為《ため》に、輝かしき前途展開せらるることを疑はず。夫《そ》れ家を愛する心と国を愛する心とは我国に於て特に熱烈なるを見る。今や実に此の心を拡充し、人類愛の完成

に向ひ、献身的努力を效《いた》すべき秋《とき》なり。

朕は爾等《なんじら》国民と共に在り、恒《つね》に利害を同じうし休戚《きゅうせき》を分たんと欲す。朕と爾等国民との間の紐帯《ちゅうたい》は、終始相互の信頼と敬愛とに依《よ》って結ばれ、単なる神話と伝説とに依りて生ぜるものに非《あら》ず。天皇を以て神聖（人間宣言は「現御神《あきつみかみ》」）とし、且つ日本国民を以て他の民族に優越せる民族にして、延《ひい》て世界を支配すべき運命を有すとの架空なる観念に基くものにも非ず。

惟《おも》ふに長きに亘《わた》れる戦争の敗北に終りたる結果、我が国民は動《やや》もすれば焦燥に流れ、失意の淵《ふち》に沈淪《ちんりん》せんとするの傾きあり。詭激《きげき》の風漸《ようや》く長じて道義の念頗《すこぶ》る衰へ、為に思想混乱の兆《きざし》あるは洵《まこと》に深憂に耐へず。朕の政府は国民の試練と苦難を緩和せんが為、あらゆる施策と経営とに万全の方途を講ずべし。同時に朕は我国民が時艱に決起し、当面の困苦克服の為に、又産業文運振興の為に勇往せんことを希念す。

我国民が其の公民生活に於て団結し、相倚《よ》り相扶《たす》け、寛容相許すの気風を作興するに於ては、能《よ》く我至高の伝統に恥ぢざる真価を発揮するに至らん。斯《かく》の如《ごと》きは実に我国民が人類の福祉と向上の為、絶大な貢献を為す所以《ゆえん》なるを疑はざるなり。（B）

この中の「我が国民は動もすれば焦燥に流れ、失意の淵に沈淪せんとするの傾きあり」という箇所の傍線部分は、ジョン・バニヤン著『天路歴程』(The Pilgrim's Progress) の一節中の "The name of the slough was Despond" という一句から、"Slough of Despond" という言葉が生まれ、カーライルらの文学作品に引用されている言葉を、英文学に造詣《ぞうけい》の深い幣原首相が採用したものである。

一方、同文書には、次のような「平和文庫所収の幣原草案」が、「質問　これは一九四五年十二月にあなたが手掛けた草案でしょうか」という問いに続いて残されている。

ここに新年を迎える。私たちの心はこの国が直面する問題に自然と向かう。それは過去の誤った習慣を排し、新しい日本——国家活動のすべてにおいて平和で、文化の豊かな、国民の生活水準の高い、そうした新しい日本を建設することである。

かつて繁栄していた諸都市が被《こうむ》った戦争による荒廃、貧苦の苦悩、貿易の停頓、益々《ますます》増大する失業者達、これらは実に胸が張り裂けるような思いがする。しかし、もしこの国が問題解決のためにしっかり団結して現在の苦しい体験に向き合い、平和のうちに一貫して文明を求めれば、私たちの国にとってばかりではなく、人類にとっても、明るい未来は保証されるのである。

日本において、家族への愛と国家への愛は常に顕著に強力だった。私たちは今こそ、人類愛へ向かって献身すべきである。

朕と国民の間の絆《きずな》は、お互いの信頼と愛情によって特徴づけられている。それらは単なる神話や伝説によるのではない。日本人は神の子孫であり、他の国民より優れており、世界を支配するべく運命づけられているという、しばしば日本人に帰せられる誤った観念に基づいたものではない。

我々の軍隊の完全な敗北に終わった長い戦争の結果、日本国民はともすると不安となり、自暴自棄に陥りがちな状態になることを深く憂慮せざるを得ない。

道理の感覚は持続されにくい。私たちの政府は国民の試練と艱難を緩和すべくあらゆる努力をすべきである。同時に、私たちは国民が臨機応変に行動し、困難の解決のために勇敢に努力し、産業と文化の発展のため、良き伝統を発揮してくれることを信じている。その方面に向かって努力することで、彼らは人類の福祉と進歩に向けて実質的に貢献することが可能になるだろう。（C）

この二つの「幣原草案」を比較すると、BにはCにはない「五箇条の御誓文」と「天皇を以て神聖（「人間宣言」では「現御神」、英文では"The Emperor is divine"）とし」が追加されている点が注目される。ウッダード文書には、Cの「平和文庫所収の幣原草案」（国会図書館の平和文庫の目録には含まれていない）に幣原自身が加筆した英文の修正案があった。

この英文の修正案とBの「幣原草案」を比較すると、どの部分が修正箇所であるかが分かる。最も注目される点は、「天皇を以て神聖とし」という文言を幣原が加筆していることである。

ウッダード文書によれば、ブライスは機密情報を入手できないので、学習院に占領軍の目的が何であるかを知らせることには異論がないということで合意した。その代わりに、ブライスは皇室の反応について報告書で占領軍に知らせることを約束した。

次に、オレゴン大学所蔵のウッダード文書に含まれている四色に色分けされた史料、すなわち①Shidehara and final draft（青色）、②Blyth draft（黄色）、③added after Shidehara original draft（緑色）、④Henderson's contribution（紫色）と、前述の「ヘンダーソン草案（A）」「幣原草案（B・C）」、そして実際に一九四六年一月一日に発せられた最終原稿という四つの資料を比較考察することによって、天皇の「人間宣言」渙発《かんぱつ》の経緯について明らかにしていきたい。
①の幣原草案と最終原稿の比較により、「旧来の陋習《ろうしゅう》を去り、（中略）教養豊かに文化を築き、以て民生の向上を図り、新日本を建設すべし」という箇所が最終原稿に採用されていることが分かる。また、「大小都市の蒙りたる戦禍、罹災者の艱苦、産業の停頓、食糧の不足、

失業者増加の趨勢等は真に心を痛ましむるものあり。然りと雖も、我国民が現在の試煉《しれん》に直面し、且徹頭徹尾文明を平和に求むるの決意固く、克く其の結束を全うせば、独り我国のみならず全人類の為に、輝かしき前途の展開せらるることを疑はず」という部分の傍線箇所以外はB・Cに共通して見られ、「幣原草案」がほぼそのまま最終原稿に取り入れられたことが分かる。

成立過程が複雑なのは天皇の神格を否定した部分で、最終原稿では「然れども朕は爾等国民と共に在り、常に利害を同じうし休戚を分たんと欲す。朕と爾等国民との間の紐帯は、終始相互の信頼と敬愛とに依りて結ばれ、単なる神話と伝説とに依りて生ぜるものに非ず。天皇を以て現御神とし、且日本国民を以て他の民族に優越せる民族にして、延て世界を支配すべき運命を有すとの架空なる観念に基くものにも非ず」となっている。

「天皇を以て現御神」とする「架空なる観念」と明確に書いているのは最終稿だけで、「ヘンダーソン草案」ならびに「幣原草案」と最終稿には大きな相違点がある。すなわちAの「ヘンダーソン草案」では"mistaken idea that the Japanese are of divine descent"（日本人は神の子孫というのは誤れる観念）と書かれ、Cの「幣原草案」においても"They are not predicated on false conception often ascribed to the Japanese that we are of divine descent."と書かれており、「日本人は神の子孫というのは誤った観念」と指摘するにとどど

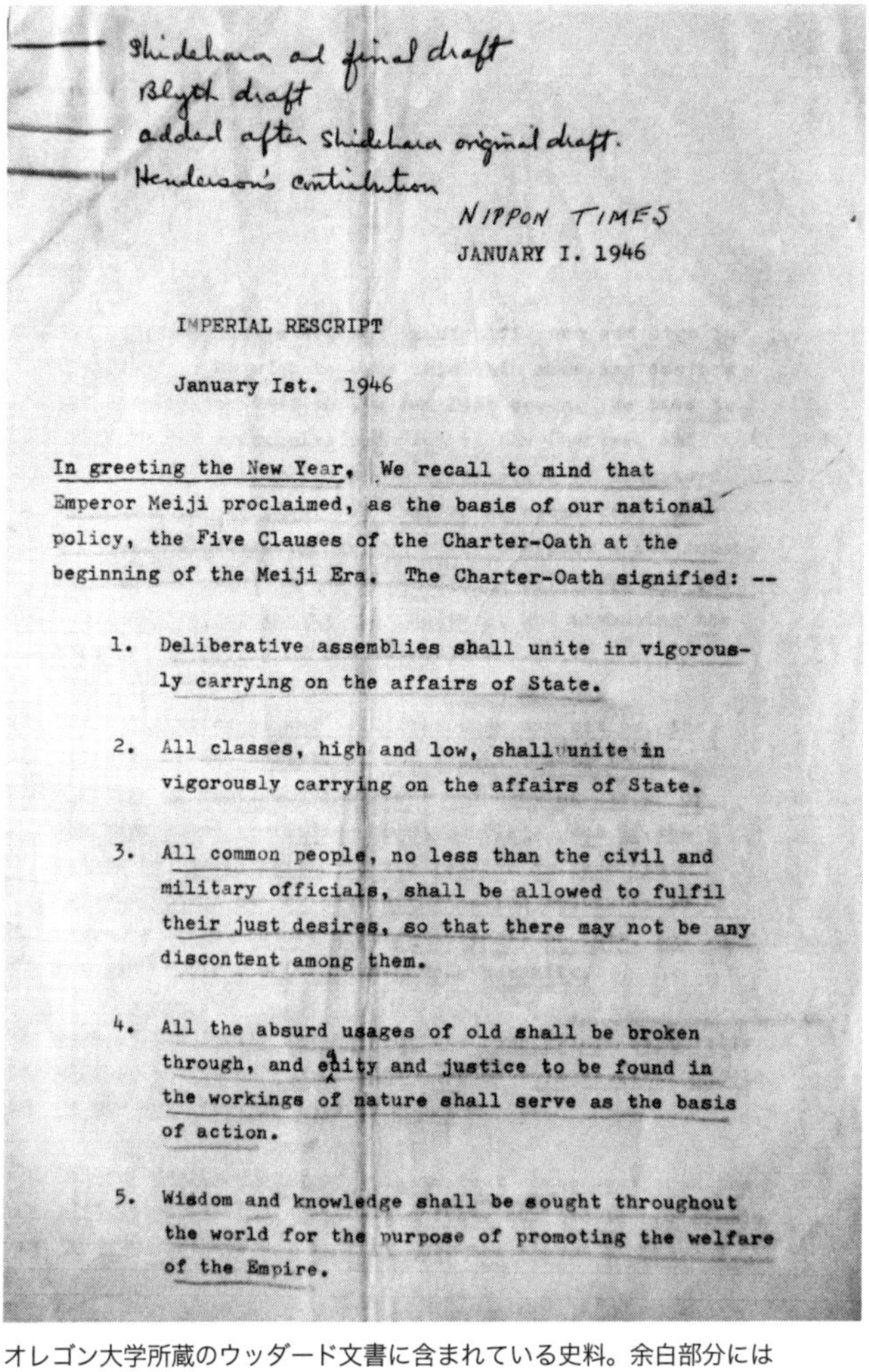

Shidehara and final draft
Blyth draft
added after Shidehara original draft.
Henderson's contribution

NIPPON TIMES
JANUARY I. 1946

IMPERIAL RESCRIPT

January Ist. 1946

In greeting the New Year, We recall to mind that Emperor Meiji proclaimed, as the basis of our national policy, the Five Clauses of the Charter-Oath at the beginning of the Meiji Era. The Charter-Oath signified: --

1. Deliberative assemblies shall unite in vigorously carrying on the affairs of State.

2. All classes, high and low, shall unite in vigorously carrying on the affairs of State.

3. All common people, no less than the civil and military officials, shall be allowed to fulfil their just desires, so that there may not be any discontent among them.

4. All the absurd usages of old shall be broken through, and equity and justice to be found in the workings of nature shall serve as the basis of action.

5. Wisdom and knowledge shall be sought throughout the world for the purpose of promoting the welfare of the Empire.

オレゴン大学所蔵のウッダード文書に含まれている史料。余白部分には「Shidehara and final draft」「Blyth draft」「added after Shidehara original draft」「Henderson's contribution」として、青・黄・緑・紫の線が示されており、詔書本文に引かれた下線の色で加筆者が分かるようになっているまっている。つまり「天皇が神の子孫というのは誤った観念」とは言及していないことが、色分け原稿とは異なる点である。

Aの「ヘンダーソン草案」を推敲した内容といえるCの「幣原草案」に、「ヘンダーソン草案」の趣旨を継承しつつ幣原が表現を改め、最終的に逐語的にBの「幣原草案」が採用されたものと推察される。

「ヘンダーソン草案」にはなく、幣原の考えが表現され、最終原稿になったのは次の箇所である。

> 朕の政府は国民の試煉と苦難とを緩和せんが為、あらゆる施策と経営とに万全の方途を講ずべし。同時に朕は我国民が時艱に蹶起《けっき》し、当面の困苦克服の為に、又産業及文運振興の為に勇往せんことを希念す。我国民が其の公民生活に於て団結し、相倚り相扶け、寛容相許すの気風を作興するに於ては、能く我至高の伝統に恥ぢざる真価を発揮するに至らん。斯の如きは実に我国民が人類の福祉と向上との為、絶大なる貢献を為す所以なるを疑はざるなり。

傍線部分以外はCの「幣原草案」がそのまま反映されており、幣原は「国家より人類を最大の目標となす新理想」を掲げたヘンダーソン草案の問題意識を取り入れつつも、「人類の福祉と向上との為、絶大なる貢献を為す」ためには、政府が「あらゆる施策と経営とに万全の方途を講ず」とともに、国民が「当面の困苦克服の為に、又産業及文運振興の為に勇往」する必要があると考えたことを示している。

「ヘンダーソン草案」にも「幣原草案」にもなく、最終原稿に加えられたのは、昭和天皇の希望によって追加された五箇条の御誓文である。

最大の問題は、キリスト教的絶対神を意味する“divine”を「現御神」と誤訳したことにある。「現御神」とは、天皇は現身《うつしみ》でありながら、神々の子孫としての神格を備えている、という日本古来の伝統的な天皇観であり、この詔書を「人間宣言」と呼び、「現御神」を「架空ナル観念」と宣言することが間違っているのである。五箇条の御誓文が「朕躬《み》を以て衆に先んじ、天地神明に誓ひ」という形で発出されていることは、明治天皇が「現御神」としての自覚に立って、日本古来の伝統に基づいて、自ら率先して国民の幸福の実現に励むことを神々に誓われたということを意味している。それゆえに、この御誓文が昭和天皇自身の意志で冒頭に掲げられた一九四六年一月一日の詔書は「人間宣言」ではなく、「現御神宣言」にほかならないのである。

神格否定問題については、四色に色分けされた史料により、ブライスとヘンダーソンの案であったことが明らかになった。また、ヘンダーソンは家族や国家、国民に対する愛情を人類に対する愛情へと高めるよう提案し、これが「幣原草案」に受け継がれて最終原稿に反映された。さらに敗戦直後、日本の大都市に広がった失業、困窮などに対して心を痛め、一致結束を促したメッセージの趣旨も「幣原草案」に継承され、最終原稿に反映されたことも分かった。

本章で取り上げた各草案を全体的に見ると、敗戦後の苦難を乗り越えて、国民が新しい未来に向かって団結し、人類の福祉と進歩に向けて貢献していこうというヘンダーソン・幣原草案の基本路線に対して、日本本来の伝統的精神尊重の原点を明示されたのが昭和天皇、という大枠の構図が浮き彫りになったといえよう。ただ不明な点も多く、天皇の「人間宣言」の成立過程の全貌《ぜんぼう》を解明するためには、さらなる調査研究が必要である。なお、ウッダード文書の調査研究には勝岡ゆかり氏の協力を得たことを付記しておく。

第五章　アメリカにおける「歴史戦」

アメリカで本格化する中韓の日本叩き

二〇一四年八月二十六日、カリフォルニア大学サンディエゴ校を訪問した。日本人留学生は約百人に対して、韓国人留学生は十倍（この比率は慰安婦像が建立されたグレンデール市の日韓住民の比率と一致し、アメリカにおける日韓の影響力の比率を象徴しているように思われて興味深い）、中国人留学生は二十倍を超えるという。日本の外務省から同校に派遣されている者は二人であるのに対して、韓国は十人を超えるという。この中韓との差が将来どのような影響をもたらすかを考えると、とても心配である。海外留学の必要性をまったく感じていない日本の大学生と、全米各地の大学に留学して自国の立場を世界に発信しようとしている韓国の若者との差が重大な国際的影響をもたらすことを軽視してはならない。まさに「静かな有事」が深刻化しているのである。また、外務官僚の育成に対する政府の姿勢の違いが今後の国際外交に及ぼす影響も甚大である。「グローバル人材の育成」は、まず日本の将来を背負うリーダー育成に重点を置くべきである。「歴史戦」への国を挙げた対応が急務である。私が歴史の真実を究明し世界に発信しようと決意した背景には、このような強い危機感がある。

韓国の留学生が増えている一因は、若者自身が留学の必要性を痛感しているからである。

その背景には、Voluntary Agency Network of Korea（ＶＡＮＫ）の存在があると思われる。ＶＡＮＫは一九九九年、「韓国の正しい姿」をインターネットを通じて世界中に広め、サイバー民間外交官が韓国に関する情報宣伝工作活動を行うことを目的として設立された。

二〇〇五年からは、世界に日本の「歴史歪曲《わいきょく》」を知らせて国際社会における日本の地位失墜を目的とした「ディスカウント・ジャパン運動」を開始し、日本と対立する日本海呼称問題、「従軍慰安婦」問題、竹島問題、歴史教科書問題などについて、世界中の教科書や地図やウェブ等で「歴史的事実であっても自分たちの意に沿わない記述」を変えさせるために、「サイバーデモ」と称する抗議行動を展開。韓国観光公社との共同事業として、韓国の歴史認識に基づいた『韓国観光広報小冊子』を発行して世界中の学校に発送するほか、竹島問題について組織的、計画的に情報宣伝活動を行うサイバー独島士官学校を設立し、二〇〇九年には、同校の生徒数は一万人を突破したとされる。

二〇一三年からは、ウェブサイト上などで「韓国の歴史に関する間違った情報を訂正して、日本の歴史歪曲を知らせる」というＶＡＮＫの活動をすることで、大学生が単位を取得できるようになり、外国語を専攻する学生に「グローバル歴史外交大使」として宣伝工作を担わせている。また、韓国内の一万人の小・中・高の教師が有効に歴史教育を行えるように、日本が過去に行ったことに関する動画や資料を学校に送っている。

さらに、VANKの活動により、一九九九年時点で三パーセントしかなかった世界の主要機関・地図製作会社・出版社の日本海／東海併記の世界地図が、二〇一二年時点では三〇パーセントにまで増加した。二〇一四年二月には米バージニア州下院が、公立学校の教科書に東海併記を求める法案を可決した。

八月二十七日、ロサンゼルス国際空港からドナルド・レーガン・ワシントン・ナショナル空港に到着。再び日本車をレンタルして、メリーランド州立大学コンベンションセンター兼マリオットホテルに直行。同日付のワシントン・ポストの別刷り紙面の一面トップに「元慰安婦」の大きな写真を掲載し、「残虐行為への謝罪を」という大見出しで、「日本政府は日本軍により強制連行された二十万人の慰安婦への残虐行為を、戦後七十年を過ぎても謝っていない」と述べていた。その下には靖国神社の遊就館の展示に関する「日本はなお殺人的な過去の栄光を讃《たた》える」という見出しの記事も掲載されている。この別刷りは中国共産党中央宣伝部が直轄する英字新聞「中国日報」で、中国共産党は年間数百万ドルの代金を払って別刷りの新聞として折り込ませているのである。アメリカ人に歴史を通して日本不信を広めることによって日米を離反させようというねらいからである。

八月二十八日、二十九日、同大学ホーンベーク図書館所蔵のメイヨー・オーラル・ヒストリーを調査。ヘレン・ミアーズとベアテ・シロタ・ゴードン（日本国憲法第二十四条の起草者）

のインタビューを調査するとともに、ベアテの父であるシロタ・ゴードンコレクション(International Piano Archives at Maryland 所蔵）の調査研究も行う。

八月三十日、三十一日、米国立公文書館・議会図書館で、GHQ法務局調査課報告書と「従軍慰安婦」に関する米戦時情報局文書の調査と、マーガレット・ミード文書として保管されているミードとベネディクトとの往復書簡（百七十通）とゴーラーとの往復書簡(百四十五通）の調査。前者はアメリカで二〇一四年のクリスマスの日に封切りされる映画「アンブロークン」の原史料の確認のため。この映画は、かつてオリンピックの陸上競技に出場したアメリカ人が、第二次世界大戦中に搭乗していた爆撃機が墜落し、日本軍の捕虜となって虐待を受けたという物語で、日本人が米兵の人肉を食べるという原作の記述が全米に衝撃を与えた（このころ、映画の予告編がすでに全米で放映されていた)。アンジェリーナ・ジョリー監督は人権問題を扱ったこの映画でアカデミー賞をねらっているとされ、そうなれば日本人に対する誤解はますます広がることになろう。ヒレンブランドによる原作はニューヨーク・タイムズで百二十五週連続のベストセラーであり、ロサンゼルス・タイムズやタイムのノンフィクション部門の最優秀賞を受賞している。映画が封切りになれば、国際的な大反響を呼ぶことは間違いない。日本政府として、事実に反する点には明確に反論する必要があるのではないか。また、ミードとベネディクトとの往復書簡の一九三六年の分から、"I love you" "daring" という言葉が相互に頻繁に繰り返されており、二人が恋愛関係であったことを明確に立証していることが注目される。

九月一日、バージニア州フェアファックス郡庁舎近くに建立された「従軍慰安婦」碑を視察。ニューヨークやカリフォルニア州の慰安婦像を視察してきた体験から、おそらく一般の人々は気づかないと思われる場所に設置された碑をすぐに発見。

九月二日、国立公文書館で調査研究を継続。

九月三日、ワシントンからシカゴに向かう。故奥泉栄三郎宅を訪問し、氏が残された資料を調査。翌四日、シカゴから成田に向けて出発し、五日の夕刻に帰国。

ワシントン郊外のメリーランド州立大学にいると、三十年以上前の米留学の志の原点に返ることができる。そのことを妻が詩に詠んだ。

ここには
どこにもない
独特の香りがあるのです

キャンパスにいても

図書館にいても
店に入っても
同じ香りがするのです

その香りがすると
私は原点に戻った気がするのです

あの時
前途は何もわからないのに
見知らぬ
はじめての異国で
私はなんで
あんなに恐れる心もなく
翼を広げたのでしょう

若さでしょうか

怖いもの知らずの頃だったのでしょうか

ここには
見知らぬ土地で
ただ進むことしか知らない　私がいる

朝日誤報の国際的影響とＩＷＧ報告書

二〇一四年十二月六日付産経新聞は、ロサンゼルス・タイムズの報道に基づき、米女優のアンジェリーナ・ジョリー監督の映画「アンブロークン」の原作で、「捕虜たちが焼かれたり、人体実験で殺され、（日本の）古来の人食いの風習で生きたまま食われた」などと捏造《ねつぞう》されたストーリーが史実のように描写されていることを懸念する在米日本人の声を伝えている。この映画は全米の映画館で同年十二月二十五日に公開され、続いて欧州、豪州でも公開された。

この日本古来の「人食いの風習」などについて、原作（二十三か国に翻訳）では次のように描かれている。

・東洋を暴れ回った日本は、想像を超える規模の残虐な行為と死をもたらした。その最たるものが戦争捕虜の扱いだった。日本はアメリカ兵やイギリス兵、カナダ兵、ニュージーランド兵、オランダ兵、オーストラリア兵ら約十三万二千人を捕虜にした。そのうち三万六千人近くが死んだ。四人に一人を超える確率だ。特にアメリカ兵の捕虜の待遇がひどかった。日本に捕えられた三万四千六百四十八人のアメリカ兵のうち、三七パーセント超に相当する一万二千九百三十五人が死んだ。ちなみに、ナチス・ドイツやイタリアに捕えられたアメリカ兵のうち、死亡したのはわずかに一パーセントだった。

・何千人もの捕虜たちが、殴られたり焼かれたり、銃剣で刺されたり、こん棒で殴られたりして殺され、銃殺され、人体実験で殺され、人食いの風習で生きたまま食われた。ごくわずかしか食事が与えられず、不潔な食品や水のために、さらに何千人もの捕虜たちが餓死し、容易に予防できるはずの病気のために亡くなった。

・少なくとも一万人の戦争捕虜と幼児を含む民間人を生物化学兵器実験の被験者として使った。数千人が死亡した。

朝日新聞は慰安婦を強制連行したとの吉田清治証言を二〇一四年に「虚偽」と認め、十六本の記事を「取り消した」が、取り消された記事を含め、一連の「従軍慰安婦」をめぐる朝日新聞の誤報によって誤った国際世論が形成され、国連人権委員会クマラスワミ報告書、米国、欧州連合（EU）、オーストラリア、カナダ、オランダ、フィリピン、台湾からの対日非難決議、米ニュージャージー州、ニューヨーク州、カリフォルニア州、バージニア州、ミシガン州の慰安婦碑・像の設置、教科書記述や国際メディアなどに大きな影響を及ぼした。

国際的影響の一例を挙げると、米紙ニューヨーク・タイムズは一九九二年八月、吉田の写真と共に長文記事を掲載。一九四三年から翌年にかけて朝鮮半島で約二千人の女性を強制連行したとする告白を「アジアにおける今世紀最悪の人権侵害だったかもしれません」との吉田のコメントと共に伝えた。

ＡＰ通信も一九九二年六月に吉田証言を世界に向けて発信し、これらの海外メディアの報道と前後して、韓国政府は同年七月、「日帝下の軍隊慰安婦実態調査中間報告書」を発表。そこでは、吉田の済州島での「慰安婦狩り」が、強制連行の証拠として採用された。その後、一九九六年二月に提出された国連人権委員会のクマラスワミ報告書が、吉田の著作から「千人もの女性を『性奴隷』として連行した奴隷狩りに加わっていた」との内容を引用し、慰安婦を「性奴隷」と認定したのである。

二〇一四年十一月二十七日付の産経新聞は一面トップ記事で、「慰安婦『奴隷化』文書なし――米政府二〇〇七年報告に明記」との見出しで、「米政府がクリントン、ブッシュ両政権下で八年かけて実施したドイツと日本の戦争犯罪の大規模な再調査で、日本の慰安婦にかかわる戦争犯罪や『女性の組織的な奴隷化』の主張を裏づける米側の政府・軍の文書は一点も発見されなかったことが明らかとなった」と報じた。

米政府の調査結果は「ナチス戦争犯罪と日本帝国政府の記録の各省庁作業班（ＩＷＧ）米国議会あて最終報告」として、二〇〇七年四月にまとめられた。この時期は、日本政府に歴史的責任の受け入れ、総理の公的な謝罪等を求めた米国下院慰安婦決議の二か月前であった点に注意する必要があろう。一体なぜこの最終報告が踏まえられなかったのか、疑問である。調査対象となった未公開や秘密の公式文書八百五十万頁のうち、日本の戦争犯罪にかかわる約十四万頁の文書の中で、特に「いわゆる慰安婦プログラム＝日本軍統治地域女性の性的目的のための組織的奴隷化」にかかわる文書の発見と報告が指示されていたが、慰安婦関連は皆無であることが判明した。

同報告の序文でＩＷＧ委員長代行のスティーブン・ガーフィンケル氏は、慰安婦問題で戦争犯罪の裏づけがなかったことを「失望」と表明。調査を促した在米中国系組織「世界抗日戦争史実維護連合会」の名を挙げ、「こうした結果になったことは残念だ」と記した。

これに対して、米国人ジャーナリストのマイケル・ヨン氏は「慰安婦たちの主張を裏づける証拠を求めて、米政府は三千万ドル（三十億円超）の費用をかけて調査を行った。大勢の米政府職員や歴史学者が過去の公文書を徹底的に調査した結果、有力な証拠は何一つ見つからなかった。結局三千万ドルが無駄に費やされた。誰も、この報告書を最初から最後まで読むことなく、慰安婦問題について書いたり語ったりする資格を持っていない」「これだけの規模の調査で何も出てこないことは『二十万人の女性を強制連行して性的奴隷にした』という主張が虚構であることを証明した」とコメントしているが、その通りであろう。

嘘は反論しなければ真実となる

二〇一四年末、慰安婦問題の調査のため訪米した。ニューヨークで二泊、ロサンゼルスで二泊、デトロイトで二泊で、成田―デトロイト―ニューヨーク―ロサンゼルスを八日間で往復する超過密スケジュールであった。ロサンゼルスから帰国できれば時間的余裕ができたが、諸事情によりアメリカを飛行機で往復するハードスケジュールとなった。

今回の訪米調査の最大の成果は、現地の高校の歴史教科書と歴史授業について、三名の日本人高校生から詳細なヒアリングができたことである。さらに、このヒアリングの内容をニューヨーク総領事（大使）、首席領事、領事（総務部長兼政務部長）に伝えるとともに、約一時間半、対応策などについて意見交換をした。

また、ミシガン州サウスフィールド市、ニュージャージー州ユニオンシティ・パリセイズパーク・ハッケンサックの慰安婦碑・像の調査を行い、この時点で設置されていた全米すべての慰安婦碑・像（前年夏までに調査したのは、カリフォルニア州グレンデール・ガーデングローブ、ニューヨーク州アイゼンハワー公園、バージニア州フェアファックス）の調査を完了した。

在米占領文書研究の傍らの調査であったが、レンタカーの走行距離は一万キロを超え、三十年以上前に首都ワシントンDCから西海岸にあるスタンフォード大学まで引越しのために車で大陸横断した走行距離をはるかに超える貴重な体験をさせていただいた。改めて常に私に寄り添って支えてくれた妻と、留守宅を守ってくれた母に感謝したい。

思いがけずミシガン州在住のケネディー日砂恵さんからメールで緊急連絡があり、デトロイトで会いたいとのことで、ニューヨークから帰国する予定を変更して、急遽《きゅうきょ》デトロイト空港内のホテルでご夫妻と面会した。慰安婦問題についてアメリカ人とのネットワークを構築して、国際情報戦略のあり方を練り直す必要があることを痛感させられた。ご主人からは、このころ全米で封切られた映画「アンブロークン」を見た感想について質問され、アメリカ人のこの作品に対する関心の高さと問題意識を再認識させられた。

当初はデトロイトからカナダ中部のウィニペグへ車で向かい、二〇一四年九月に開館した「国立カナダ人権博物館」の慰安婦展示の調査を行うつもりで、トロント在住の日本人にその計画を伝えたところ、マイナス四〇度になるから車では無理だと指摘されて断念せざるをえなかった。現地を訪れることはできなかったが、カナダ在住のマリノフ利江さんに会い、同展示の内容についての貴重な情報を入手した。その内容の一部を次に紹介したい。

大日本帝国――第二次世界大戦時から戦時中にかけて、大日本帝国軍は推定五万から二十万人もの女性や少女に性奴隷になることを強要した。その中には十一歳の若さの少女もいた。軍はこの囚《とら》われた女性を「慰安婦」と称し、本当の目的と迫害を隠した。慰安婦は日本兵に性的なサービスを提供するため、彼女らの文化や言語から断絶され、戦場の最前線で定期的に犯され、暴力を受けていた。

南京大虐殺――日本による南京侵略の最中、日本兵による絶え間のないレイプが行われ、散在する売春所が不十分であることが明らかになった。そこで軍は、大規模でより公的性格の強い慰安所制度をつくった。

罪科――日本軍は女性と少女を性奴隷にするため強制連行した。

教科書による否定――長い間、日本の国家主義者は戦時記録をゆがめ、女性を性奴隷に追い込んだ事実を否定した。この二〇〇五年の画像では、歴史教科書における慰安婦制度についての言及が不十分であると反検閲組織の代表である俵義文が指摘している。

最初の写真――この写真が発見された一九六二年、ジャーナリストの千田夏光は慰安婦制度に関する調査と執筆における第一人者となった。

国際的な否定――証拠不十分な日本の慰安婦制度についての主張を受けて、日本の指導者は二〇〇七年、ワシントン・ポストに有料広告を出した。その広告には、世界に向けて日本が決して女性を性奴隷にしていなかったことを証明する恣意《しい》的な五つの歴史的主張がなされていた。

この広告は、櫻井よしこ、すぎやまこういち、西村幸祐、花岡信昭、屋山太郎で構成された「歴史事実普及委員会」による「慰安婦強制連行の証拠はない」と主張した意見広告で、国会議員四十四人、有識者十三人が賛同者として名を連ねている。

この主張は歴史的事実に基づいたまっとうな主張であり、これを「恣意的」と一方的に断定する人権博物館の展示内容は客観性を欠いている。「従軍慰安婦」という造語を広めた千田夏光氏を高く評価し、教科書運動団体「子どもと教科書全国ネット21」事務局長の俵義文氏の指摘を大きく取り上げているのもバランスを欠いたものといわざるをえず、「南京大虐殺」「性奴隷」などの記述も極めて偏向している。また、専門家によるプレゼンテーションが、朝日新聞の一九九二年一月十一日の誤報記事を画像で示しながら行われていることから、朝日「慰安婦報道」の誤報の直接的影響を受けていることは明白である。

慰安婦碑設置に見る米国・反日包囲網の実態

アメリカにおける慰安婦碑・像は、二〇〇九年ごろから主に韓国系住民により設置が進められてきた。韓国系住民によれば、「従軍慰安婦のような反人権的行為が二度と起きないよう、米国と世界に平和の重要性を訴える」ことを設置目的としており、中国系の反日団体である抗日連合会（正式名称は「世界抗日戦争史実維護連合会」）と連携した韓国系団体が、日系アメリカ人で米下院議員を務めたマイク・ホンダなどと共に、地元議員らに強く働きかけて実現させている。

この韓国系団体には、「ニューヨーク韓人会」「韓米公共問題委員会」「韓国系米国人権利向上協会」などが含まれている。地元住民の意向を十分に反映することなく設置を強行するケースもあり、政治団体同士の主導権争いやトラブルも起こしている。

また、韓国系アメリカ人有権者協議会（the Korean American Voters' Council）常任理事のキム・ドンソクは、慰安婦碑の設置等の長期的なねらいに関して、「アメリカ社会に日本の隠された実態を暴露することは、長期的には東海（日本海）〈改名問題〉と独島（竹島）〈領有問題〉の解決につながる」と語っている。

韓国側の主張は、事前の日本政府との擦り合わせにより、証言する元慰安婦の人選までも韓国側の要求を受け入れた「河野官房長官談話」での、元慰安婦と名乗る高齢の人物の曖昧《あいまい》な証言のみを証拠としており、当時韓国人業者による女性の誘拐事件が多発していたことや、「朝鮮人慰安婦は高給により雇われていた娼婦《しょうふ》であった」とされる一九四四年の米戦時情報局（ＯＷＩ）心理作戦班による尋問調査報告書“Japanese Prisoner of War Interrogate Report NO.49”（ビルマ・ミートキナで捕虜にした二十人の韓国人慰安婦の聞き取り調査）とも整合性が見られない。

ちなみに、同報告書にはA“comfort girl” is nothing more than a prostitute or “professional camp follower”（慰安婦は売春婦か軍の野営地〈キャンプ〉の職業従事者にすぎない）と明記されている。

また、グレンデール市の碑文以外は日本人慰安婦に関しての内容が省かれ、韓国系住民による慰安婦碑・像の設置は、日本国や日本人そのものの国際的地位を貶《おとし》めることが目的の「ディスカウント・ジャパン」運動の一環である、と産経新聞は指摘している。

慰安婦碑文に共通しているキーワードは、「日本帝国軍による強制連行（誘拐）」「慰安婦二十万人以上」「性奴隷」であるが、いずれも歴史的事実に反する「捏造《ねつぞう》」である。

アメリカで最初に設置されたのは、ニュージャージー州バーゲン郡のパリセイズパークの公立図書館脇だった。パリセイズパークは韓国系アメリカ人が住民の五二パーセントを占めるコリアタウンで、韓国系のジェイソン・キム副市長や議長が就任している。

二〇一二年五月に在ニューヨーク日本総領事の廣木重之大使が同碑の撤去を求めたが、市側はこれを拒否した。市民請願運動が始められた。五月十日には在米日本人を中心に慰安婦碑の撤去をホワイトハウスに求める市民請願運動が始められた。五月十五日の自民党の領土に関する特命委員会での報告によると、同市を訪問して抗議したが、市長と副市長は「数字は増減するかもしれないが、拉致《らち》があったのは事実」と撤去を拒否し、キム副市長は「日本側の主張にこそ、根拠はない」と述べ、議長は韓国系住民が多い二十二のアメリカの自治体で、同様の記念碑を設置する運動をこれから行っていくと表明した。

同特命委員会の古屋圭司議員は「根拠のないことが、なし崩し的に既成事実化されていきかねない」と述べ、現地の日系人は日本人学校の生徒が犯罪者の子孫であるとして、人種差別的ないじめを受けていると報告した。同委員会は五月十七日に日本政府に同碑の撤去を要求することと資料の公示を求めた。

二〇一二年六月十六日、ニューヨーク州ナッソー郡のアイゼンハワー公園に、米国内で二つ目となる慰安婦碑が建立された。この公園はドワイト・D・アイゼンハワーを記念した公園で、慰安婦碑は韓米公共問題委員会のイ・チョルウ会長の主導で、この公園内の退役軍人記念園に設置された。イ・チョルウ氏はコンピューターソフト会社の経営者で、二〇〇八年にはナッソー郡の情報技術局副局長、ニューヨーク州の通商交渉官、そしてロングアイランドの韓国人会の会長を務めている。碑の上部には慰安婦たちの写真を元にしたものが刻まれており、韓国の反日活動家で歌手のキム・ジャンフン氏と韓国広報専門家のソ・ギョンドク誠信女子大学校客員教授も製作を支援している。

二〇一三年三月八日、韓国系住民が多く住むニュージャージー州バーゲン郡ハッケンサック市の裁判所脇に同碑が設置された。十一人の韓国系高校生が韓国系アメリカ人有権者協議会（KAVC）と共に、日本軍の慰安婦であったとされる朝鮮人をアイルランド人、アルメニア人、ユダヤ人、アフリカ系アメリカ人の苦難になぞらえて慰安婦碑の建設を進め、非韓国系住民をも説得して署名を集めた結果、バーゲン郡は図書館などの公共施設の入り口への設置を許可した。

慰安婦碑の隣には、アフリカの黒人奴隷碑、アルメニア人虐殺碑、ホロコーストの碑、アイルランド人の餓死の碑がずらりと並んでおり、奴隷、虐殺、ホロコーストと慰安婦を同一視して告発しようという意図が潜んでいることは明白である。

二〇一三年七月三十日、ソウルの日本大使館前の朝鮮人慰安婦像と同じものが、カリフォルニア州ロサンゼルス郡のグレンデール市に設置された。ソウルの像が路上に違法に設置さ

グレンデール市内の公園に設置された慰安婦像

れたのに対し、こちらではグレンデール市中央図書館に隣接する市有地の公園に、市の許可を得て設置されている。設置費用は韓国系アメリカ人の市民団体が負担しており、台座の左に像の説明と長文の碑文が埋め込まれている点が韓国の像とは異なっている。

設置費用として三万ドルを支払った韓国グレンデール婦人協会のチャン・リーは「慰安婦の碑は日本と韓国の問題ではない。これは人道に対する罪なので、私たちは二度とこのような過ちを繰り返してはならないのです」と語り、日本政府はいまだに朝鮮人女性に娼婦となるよう強制したことを認めないし、二〇〇七年の米国下院決議が通過しても、日本政府は公式に謝罪しなかったと語った。

二〇一三年七月十日のロサンゼルス・タイ

ムズの記事によれば、グレンデール市は「市内の韓国系住民への静かな善意」として設置を許可したのであり、戦時中に八万人から二十万人の慰安婦（ほとんどは韓国人女性）が日本軍慰安所に連行され、一日あたり五十人の日本兵相手の性労働を強制されたとしている。同日の公聴会では日系住民から抗議や批判があったが、フランク・クィンテーロ市議が「十四歳の少女が日本軍に奉仕するために、はたして『自発的』に故郷を離れるものだろうか」と答弁し、市議会は賛成四、反対一で慰安婦像設置を正式に決めた。

二〇一三年十二月には、同市に設置された慰安婦像の撤去を要求するホワイトハウス宛の署名活動も開始され、主に米国や日本から十万人を超える署名が集まった。翌年一月には、杉並区の松浦芳子区議を代表とする日本の地方議員団がグレンデール市を訪れ、同市長に対し「日本軍が強制的に女性を拉致し、慰安婦とした事実はない」「虚偽のプロパガンダのために大きな混乱が生じている」「事実ではない『性奴隷』という言葉を碑に刻み、慰安婦像として残すことは、将来に禍根を残す」といった内容の抗議文を提出した。

二〇一四年五月三十日、バージニア州フェアファックス郡の郡庁敷地内に慰安婦の碑が設置された。同碑の裏面に、「合衆国議会は二〇〇七年七月三十日に下院一二一号決議で、一九三〇年代から第二次世界大戦の期間を通して、その植民地とアジアと太平洋の島々の戦時占領の間に、『慰安婦』として世界に知られている若い女性を性奴隷状態に置く日本帝国軍の強制について、日本政府が正式に認め、謝罪し、そして明白に曖昧でない態度で、歴史的責任を受け入れるべきだと、満場一致で決議した。——下院議員マイク・ホンダ〈CA15〉（二〇〇七年一月三十一日提出）」と書かれている点が、他の慰安婦碑とは異なる。

ちなみに、同米下院決議は、「日本政府は、『慰安婦』と呼ばれる若い女性たちを日本軍に性的サービスを提供する目的で動員させた。日本政府による強制的な軍隊売春『慰安婦』制度は、『集団強姦《ごうかん》』や『強制流産』『恥辱』『身体切断』『死亡』『自殺を招いた性的暴行』など、残虐性と規模において前例のない二十世紀最大規模の人身売買の一つである。日本の学校で使われている新しい教科書は、こうした慰安婦の悲劇や太平洋戦争中の日本の戦争犯罪を矮小《わいしょう》化している。また、最近日本には、慰安婦の苦痛に対する政府の真摯《しんし》な謝罪を含む河野洋平官房長官による一九九三年の『慰安婦の関連談話』を弱めようとしたり、撤回させようとしている者がいる」と指摘した上で、以下の四点が米下院の共通意見であると述べている。

一、日本政府は一九三〇年代から第二次世界大戦終戦に至るまで、アジア諸国と太平洋諸島を植民地化したり戦時占領する過程で、日本軍が強制的に若い女性を「慰安婦」と呼ばれる性の奴隷にした事実を、明確な態度で公式に認めて謝罪し、歴史的な責任を負わなければならない。

二、日本の首相が公式声明によって謝罪するなら、これまで発表した声明の真実性と水準に対し繰り返されている疑惑を解消するのに役立つだろう。

三、日本政府は「日本軍が慰安婦を性の奴隷にし、人身売買した事実は絶対にない」といういかなる主張に対しても、明確かつ公式に反論しなければならない。

四、日本政府は、国際社会が提示した慰安婦に関する勧告に従い、現世代と未来世代を対象に残酷な犯罪について教育しなければならない。

この米下院決議を撤廃し、韓国のプロパガンダと嘘《うそ》による国際的嫌がらせの助長をやめることを米大統領府に求めた日本人の請願に対して、二〇一四年十一月二十二日、ホワイトハウスは次のように回答した。

「第二次世界大戦中における女性の性目的の人身売買は著しい人権侵害でした。これについてオバマ大統領は述べました。『未来を見つめ、また過去を見つめること、そして過去の心の悲しみと心身の苦痛を解決する方策を見出すことは、日韓国民双方の利益です。なぜなら、今日、日本と韓国の国民の利益は明らかに一致する方向にあるからです』。われわれは、この問題が近隣諸国との関係修復を促し、より良好な関係を容易にする形で発信され続けるよう、日本に対し奨励します。また、生存している女性に対し、尊厳と敬意をもって処遇する重要性を強調します」

「地方の公園の記念碑やストリート名などの問題は、連邦政府の問題ではなく、地方政府の管轄なので、各州（NJ、NY、CA）に問い合わせてください」

フェアファックスの慰安婦碑の除幕式では朝鮮の伝統舞踊が披露され、韓国の元慰安婦が共同生活を送るナヌムの家から、元慰安婦の姜日出《カンイルチュル》（映画「鬼郷」のモデルとなった少女慰安婦がトラックで「強制連行」され、焼き殺される絵を描き、ユネスコ「世界の記憶」に登録申請された）が除幕式に出席した。八十五歳の姜は記念碑の前で涙を流し「日本政府は謝罪すべきだ」と訴えている。

二〇一四年八月十六日、ミシガン州デトロイト市の北西にあるビジネス地区サウスフィールドの韓国人文化会館前庭に慰安婦像が設置された。アメリカで二か所目の慰安婦像で、韓国の日本大使館前とカリフォルニア州グレンデール市に設置されたものと同じものである。

米下院決議と同様の慰安婦対日非難決議は、オランダ（二〇〇七年十一月二十日）、カナダ（同十一月二十八日）、EU（欧州連合、同十二月十三日）、フィリピン（二〇〇八年三月十一日）、台湾（同十一月五日）で行われている。このような対日包囲網の中で、戦後七十年を迎えた二〇一五年八月十四日、安倍首相は戦後五十年の村山富市首相談話と戦後六十年の小泉純一郎首相談話に明記された「植民地支配」「侵略」「痛切な反省と心からのお詫び」などのキーワードを盛り込みつつも、そのままの文脈での踏襲はせず、日本は世界にどのような貢献をしていくのか、どのような世界をつくっていくのかという、未来に対する意思をしっかりと示す形で談話を発表した。

相互理解、相互反省の複眼的な視点から、昭和の一時期において日本が一時的に誤った道（覇道）を歩んだ「失敗の本質」について、謙虚に「痛切な反省」をしつつ、本来の日本を取り戻し、新たな世界秩序の構築をめざして、アジア共通の理念（王道）に立ち返り、中韓両国と和解し協調する道を模索すべきである。単眼的な歴史観を排し、日本と世界の歴史の光と闇の両面を直視して、より高い文明論的視点に立った「交響的創造」をめざすホリスティック（包括的）な歴史観が求められる。

真実なき議論に塗り固められ、狭まる反日包囲網

日本政府・外務省は二〇一四年十一月七日、在ニューヨーク総領事館を通じて、アメリカの大手教育出版社マグロウヒル社に対し、「慰安婦問題・日本海呼称問題・南京事件に関し、重大な事実誤認やわが国の立場と相容《い》れない記述がなされていたり、さまざまな議論があり通説的な見解がない事柄について、特定の立場のみが記述されている」として、日本政府の立場やこれまでの取り組みを説明し、高校世界史教科書の記述内容の是正を申し入れ、十二月中旬に正式に協議した。

二〇一五年一月十五日付ウォール・ストリート・ジャーナル（日本版）によれば、マグロウヒル社は「日本政府の関係者が慰安婦記述の変更を求めてきたこと」を文書で発表し、「『慰安婦』の歴史的事実に対する学者の意見は一致している。われわれは執筆者たちの記述、研究、表現を明確に支持する」と述べた。また、同教科書の編著者であり、慰安婦記述を執筆したハワイ大学マノア校のハーバート・ジーグラー准教授は、「出版社と私は日本政府の関係者から個別に連絡を受け、不愉快な書き方に何らかの修正を求められた。出版社も私もそのような考えは一切受け入れていない」と述べた、と報じている。

マグロウヒル社と著者であるジーグラー准教授が日本政府の訂正申し入れに対して、このような強硬姿勢をとる背景には、一月二日にニューヨークで開催されたアメリカ歴史学会（AHA）年次総会で、二〇一四年十一月の安倍首相による「歴史修正主義」的発言を批判する全会一致の声明を出したことが影響している。

安倍首相は二〇一五年一月二十九日の衆議院予算委員会で、米国の高校世界史教科書（マグロウヒル社が出版した『伝統と遭遇』）の慰安婦記述について、「本当に愕然《がくぜん》とした。訂正すべき点を国際社会に向かって訂正してこなかった結果、このような教科書が使われている」と述べ、今後、日本として積極的に正確な情報の発信に努めていく考えを強調した。同日付ニューヨーク・タイムズは、この首相発言を報じている。

また、二月六日付の韓国のハンギョレ新聞は、この安倍首相の米歴史教科書の修正圧力に反発した十九人の米歴史学者たちが二月五日、「日本の歴史家たちを支持する」と題した共同声明を発表したことを報じた。共同声明では「私たちは最近、日本政府が第二次世界大戦当時、日本帝国主義による性的な搾取の野蛮なシステムの下で苦痛を経験した日本軍慰安婦について、日本およびその他の国の歴史教科書の記述を抑圧しようとする最近の試みに驚愕を禁じえない」「国や特定の利益団体が政治目的のために、出版社や歴史学者に研究結果を変えるように圧迫することに反対する」「私たちはマグロウヒル社を支持し、『いかなる政府にも歴史を検閲する権利はない』というジーグラー教授の見解に同意する」と述べた、とある。

この共同声明は二〇一四年十二月、日本の歴史学四団体が、安倍首相による慰安婦問題の歪曲《わいきょく》を批判し、歴史研究に基づく真実を国内外に伝えていくと決議したことを受けて出されたものである。米国務省は二〇一五年二月八日、「原則として、われわれは、民主主義社会の土台となる学術の自由を強く支持する」「われわれは歴史問題について、『癒《いや》し』と『和解』を促進する方向でアプローチすることが重要であることを強く訴えている」と韓国の聯《れん》合《ごう》ニュースの取材にコメントし、同ニュースは、このコメントを「米国が自国の歴史教科書の内容を変更しようとする安倍政権の動きに政府次元で見解を示したのは初めて」と意義づけ、「第二次大戦終戦七十周年を迎え、米国が安倍政権に向かって、歴史への反省と謝罪を込めた談話を発表するように圧力をかける流れと符合するもの」「安倍政権の歴史歪曲を批判する米国の歴史学者に力を与える」などと解説している。

さらに、二月七日付中央日報は「日本の歴史歪曲を糾弾した米国歴史学者たち」と題する社説で、この声明の特別な意味は「日本の良心的な知識人が、日本右翼の歴史歪曲と、これと連結した暴力的な態度を糾弾する集団的な動きを見せてきた。ところが、日本と被害国の韓国・中国を越えて、第三国の知識人がここに加わったのは、新たな事態の発展だ。動機は米国の教科書だが、本質は日本の歴史歪曲だ。ますます多くの世界の知識人が、日本の歴史歪曲を韓日間の紛争ではなく、人権のような人類文明的な問題として把握しているということだ」と指摘した。

二月八日付朝鮮日報は、同共同声明の中心人物であるコネチカット大学のアレクシス・ダデン教授との一問一答の形で、「日本政府の教科書修正要求は学問の自由に対する直接的な脅威」「日本の間違った行動に対し警告すべきだという共感と連帯感が強かった。歴史は自分の都合のいいように選び、必要なものだけを記憶するものではない」「日本政府が独特なのは、従軍慰安婦問題は論争の種ではなく、すでに全世界が認めている『事実』なのにもかかわらず、しきりに政治的な目的をもってこれを変更、あるいは歴史の中から削除しようとしている点だ。マグロウヒル社は非常に評判が高い出版社で、見当違いもいいところだ」「慰安婦に関する真実のほとんどは、日本人学者の吉見義明中央大学教授の努力により証明されている。さらに過去数十年間、日本の小中高校に関連の記述があったが、安倍政権になって急に、安倍氏とその支持者たちが真実を変えようとしている。自分たちに有利な記憶だけ大事にしようとしているが、これは問題だ」「終戦七十周年にあたり、過去の侵略戦争や植民地支配を謝罪した一九九五年の村山談話を安倍首相に継承してほしいと思うが、学問・メディア・表現の自由が抑圧され続けるなら、すぐにそれに対する行動をとらなければならない」と述べたと報じている。

二月五日の米歴史学者の共同声明の背景には、一月二十一日付朝鮮日報の誤報があった。共同声明が「特定の利益団体が政治目的のために、出版社や歴史学者に研究結果を変えるように圧迫することに反対する」と明記した根拠は、「『新しい歴史教科書をつくる会』（以下、つくる会）所属の髙橋史朗明星大学教授（筆者）が米国の歴史教科書の記述を歪曲しようとしていることに対し、米国内の専門家が反発している。ジョンズ・ホプキンス大学のデニス・ハルピン高等国際関係大学院研究員は二十日、本紙の電子メールによるインタビューで、『写真などを削除するよう要求することは、イスラム原理主義を主張するイスラム戦士たちがフランス・パリの時事週刊誌の風刺画掲載に反発したのと似ている。言論の自由のための問題提起だ』と述べた。コネチカット大学のアレクシス・ダデン教授は『米国の教科書に対する日本の歴史歪曲行為は、学術の自由に対する直接的な脅威だ』と批判した。（中略）この過程で極右団体の『つくる会』が実査作業を行い、日本政府に報告していたことが確認されている」と報じた朝鮮日報にあることは明らかである。

イスラム・テロリストによる襲撃にたとえるハルピン氏の発言は論外であるが、「『つくる会』が実査作業を行い、日本政府に報告していたことが確認されている」と断定していることは看過できない。一体誰が何を根拠に確認したのであろうか。この朝鮮日報の報道に先立ち、韓国ＳＢＳテレビは一月十八日、次のように報じた。

日本極右団体と政府が米国の教科書の日本軍慰安婦の記述内容を歪曲するための組織的な動きに出たことが確認された。（中略）日本の教科書歪曲を主導してきた「新しい歴史教科書をつくる会」所属の髙橋史朗明星大学教授は、最近、国家基本問題研究所に掲載した英文の寄稿文で、慰安婦問題に対する米国内の世論をナビゲートするために昨年末、米国を訪問して調査を行ったことを明らかにした。髙橋教授は訪米期間、米国全域に八つの慰安婦記念碑と像を直接調査し、歴史教科書の問題をテーマに三人の高校生とその親たちにインタビューした。髙橋教授は、特に詳細な調査結果を、日本のニューヨーク総領事に報告し、今後の対策を協議したことを明らかにした。髙橋教授は、調査結果を踏まえながら、米国のマグロウヒル社の世界史の教科書が「日本軍慰安婦は日王（天皇）の贈り物」と描写しているとし、南京大虐殺の現場を示す写真削除とこれを修正することを要求する必要があるとしている。これは先月中旬、ニューヨーク駐在日本総領事館がマグロウヒル社と、教科書を執筆したハーバート・ジーグラー米国ハワイ大学教授に慰安婦関連の記述を修正するよう要求された動きと正確に一致する。

この情報の根拠は、国家基本問題研究所の一月十三日付の「今週の直言」（「情報戦勝利へ国際広報が急務」）であることが判明した。同直言で筆者は「慰安婦は天皇からの贈り物」と書かれたマグロウヒル社の教科書には、ハロルド・ティンパーリ（田伯烈）編『外人目撃中の日軍暴行』に掲載された写真が「中国人捕虜を処刑する日本兵」として使われているが、この写真は東中野修道・小林進・福永慎次郎著『南京事件「証拠写真」を検証する』（草思社）で「南京での日本軍の処刑写真ではない」と指摘されたものであることを述べた。東中野氏らの検証によると、多くの見物人がいることから公開処刑の写真であるが、当時の日本軍将兵の記録にも、南京の欧米人の日記などにも公開処刑の記録は一切出てこない。最大の問題点は、見物人の服装が矛盾していることである。彼らは夏に近い服装をしているが、南京陥落は十二月十三日、冬である。また、陥落から二か月もすると、南京は平穏な生活に戻っており、日本軍はほとんどが転戦して南京を去っていた。それゆえに、夏近くに南京で日本軍による処刑があるはずがない。兵士の靴の影の角度からも、写真の季節が冬ではないことが明らかになっている。

二〇〇三年四月六日付産経新聞によれば、米英軍のイラク攻撃をめぐり米メディアが激しい報道合戦を展開する中、ロサンゼルス・タイムズ紙の同年三月三十一日付一面に掲載された前線の写真が、パソコンによる合成だったことが分かり、同紙は社の規則に従ってカメラマンを解雇、翌々日一面に謝罪広告を掲載し、事情説明を行った。新聞より長期的な影響を子供に与える教科書には、それ以上のものが求められるのは当然であろうといった根拠から、筆者は「このような写真が教科書に使用されていることは重大な問題であり、慰安婦の記述と同様に、日本政府として正式に訂正を申し入れる必要がある」と提言したのである。

アメリカ歴史学会は「学問の自由」を盾に抗議しているが、「学問の自由」は批判を受けない権利や、学問の権威の下に一切の批判を許さない権利ではない。日本政府は米政府を経由する外交的圧力を加えておらず、マグロウヒル社の教科書を検閲する権力もない。事実と論評は明確に区別する必要があり、事実の誤りについて指摘すること自体を「学問の自由に対する脅威」ととらえるのは間違っている。「学問の自由」をはき違えてはいけない。

韓国メディアのインターネット日本語版の誤解は二点ある。まず、筆者は二〇〇四年に「つくる会」を退会しており、「特定の利益団体が政治目的のために、出版社や歴史学者に研究結果を変えるように圧迫」という批判は当たらない。また、筆者がニューヨーク総領事館を訪れたのは、日本政府の教科書訂正申し入れ後の二〇一四年十二月二十四日であり、訂正過程で「つくる会」が「実査作業を行い、日本政府に報告した」というのは事実無根である。筆者の問題提起と日本政府の訂正申し入れの時系列をねじ曲げ、筆者が埼玉県教育委員就任以前に「つくる会」を退任していることを確認しないで、「日本極右団体と政府が米国の教科書の日本軍慰安婦の記述内容を歪曲するための組織的な動きに出たことが確認された」というとんでもない誤報に踊らされて、米歴史学者による共同声明が出されるに至ったのである。

アメリカに広がる日本人差別の実害

二〇一五年三月八日から二週間、研究調査のため北米各地を訪れた。まず九日に開催された国連女性の地位委員会の会合に三年連続して出席後、「ニューヨーク正論の会」などが共催したシンポジウム「テキサスナイトin NYC」にパネラーとして参加した。当初は私が単独で講演会を行う予定であったが、同時期に同様の催しを行うより合同で行ったほうがよいとの現地の判断に私も応諾した次第である。

ところが、ニューヨーク在住の日系人の団体が同シンポジウムに対する抗議デモを計画して、ニューヨーク市警（NYPD）にデモを申請し、ニューヨーク在住の韓国人団体に働きかけ、さらに同日の昼間に認定NPO法人ヒューマンライツ・ナウ（伊藤和子事務局長）、アクティブ・ミュージアム女たちの戦争と平和資料館（渡辺美奈事務局長）、ピースボートなどが共催した「慰安婦問題の真実と正義——第二次大戦時の日本軍性奴隷」をテーマとするイベント会場で、「日本の歴史を歪曲《わいきょく》する右翼グループがやってくる！　緊急アクション」と題するチラシを配布し、抗議デモへの協力を呼びかけた。そこには「脱植民地化を目指す日米フェミニストネットワーク」の名も書かれ、私は「日本社会を歴史教科書改革に巻き込み、日本の歴史教科書の『慰安婦』記述を改正する働きかけに成功した主流の保守的教育学者」として紹介されていた。

その抗議デモ呼びかけが功を奏し、ニューヨーク市警より「数百名の抗議デモが予定されている」との警告を受けた日系人会館のオーナーが器物破壊や物理的衝突を恐れ、他のテナントに配慮して、キャンセルを主催者側に打診し、主催者側はやむなく応じたという。デモの目撃者情報によれば、実際にデモ行進したのは前述した二人の事務局長を含む十数人で、デモと同時に警察が来て、二名、続けて四名の合計六名を拘束したらしい。

朝鮮日報によれば、「このような日本の極右勢力の行動は、日本に歴史問題の反省を促す在米日本人や日系人を通して韓国系団体に伝えられた」という。デモ隊の掲げていたスローガンは「日本のファシストを許すな」「人種差別をニューヨークに持ち込むな」「日本の軍国主義復活を中断せよ」「慰安婦女性たちは強制的に連行された性奴隷だった」「日本の歴史修正主義者らに反対する」などであった。

一方、インターネットで公開されている伊藤和子日記には、次のように書かれている。

この日は、夜に歴史修正主義者グループが会合をNY日系人会で開催するという話があり、それに対するカウンターの行動がNY在住の日系人の皆さんによって呼びかけられていました。しかし、日本人会の建物でそのようなイベントを開催することに抗議する声が相次いだため、日系人会は急遽《きゅうきょ》その場を貸さないことを決定。すごい。とても迅速で効果的な草の根の行動にほれぼれするほど、感動しました。（中略）しかし歴史修正主義者グループは場所をミッドタウンのイタリア料理店に変えて開催。急遽、その場に行って、抗議するアクションも行われました。私も様子が気になって出かけて行ったところ、お店側がNYPDを呼び出す状況に。私はその場にいた弁護士（NY州弁護士ではないが）でしたし、こんなところで逮捕者でもでたら大変、と思い、憲法・NY州法も少しはかじっていましたので、「この抗議行動を禁止する法律はありませんよね」とNYPDに話しかけました。そこで警官は、何やら上司と相談をはじめたようですが、さすがは表現の自由を尊重するNY、時には手荒なことをするNYPDですけれど、この抗議活動には寛容で、最終的に、ルールを守った抗議行動なら何も問題ないという見解でOKとなりました。ところが翌日の産経新聞には、この行動で拘束された人もいたなどと報道されています。全くの誤報で驚きました。産経さん、他社の誤報ばっかり責めてる場合ではないのでは？

目撃者によれば、一時拘束されたのは事実であるから、すぐに解放されたとしても「誤報」とは言えないのではないか。東亜日報によれば実際には「十人余り」しか参加しなかったのに、「数百人の抗議デモが予定されている」などという誇張したデマ情報を流して会場を変更させたことを、「すごい。とても迅速で効果的な草の根の行動にほれぼれするほど、感動しました」などと絶賛するのはいかがなものか。デモ行進で抗議する「表現の自由」のみが尊重されるべきなのか。異なる意見を表明する集会の自由や表現の自由は尊重する必要はないのか。あまりにも身勝手なダブルスタンダードに唖然《あぜん》とせざるをえない。

シンポジウム終了後、ニュージャージー州で悪質な嫌がらせを受けた日本人からヒアリングを行った。同州の慰安婦碑・像の設置に反対したこの在米日本人に対して、大要次のようなメッセージが送られてきた直後に、鳥の死骸が自家用車の横に置かれたので、本人は「殺人予告」と受けとめたという。このメールは気遣いを装った一種の脅し（在豪日本人も車の両輪を切り裂かれた）、警告である。

対・反日活動をするにあたって大事なことを申し上げねばなりません。それは必ず「邪魔が入る」ということです。テキサス親父（慰安婦問題に関して日本を擁護する発言をした――筆者注）に殺人予告が殺到しています。日本人が結束して活動をしようとすると、ネットでの殺人予告だけでなく、ストーカーや、車が荒らされる被害にあった方もいます。怖くなって身を引いてしまい、会が始まる前に空中分解してしまった例もあります。あなたはお顔、ご職業が知れ渡っているだけにリスクも高いと思います。嫌がらせ、営業妨害などの危険性がないとはいえません。私は本当にあなたの安否が心配です。来客される朝鮮系、日本人にまで警戒しなくてはいけません。中には、味方のふりをして近寄ってくる人もいると思います。私こそがあなたの邪魔をする工作員のようですね。祖国のために頑張りましょう！

翌十日、ニューヨーク歴史問題研究会で「朝日慰安婦報道の国際的影響——国連報告書、米メディアと慰安婦碑・像に与えた影響」をテーマに講演後、カナダのトロントに移動。八人の日本人からヒアリングを行った。カナダでも歴史関連で、日本人の子供が中国人や韓国人の子供からいじめや暴言を受けることが多々あるという。

カナダでは二〇〇五年に、オンタリオ州高校教育委員会の十年生の歴史教育で、「第二次世界大戦における日本の残虐性を教える」カリキュラムが導入されたが、さらに二〇一四年十月にカナダ最大のトロント教育委員会の委員長に中国系女性が就任し、アジアの第二次世界大戦史教育を推進する中国系市民団体「トロント・アルファ」の働きかけにより、公立高校のカリキュラムに慰安婦問題と南京大虐殺などを組み込むことになった。

トロント・アルファは、スタディーツアーという形で数年前からカナダの教師たちを南京大虐殺記念館やナヌムの家（韓国・広州市）に送り込んできたが、高校生もこのスタディーツアーに組み込もうとしている。二〇一五年二月九日に、トロント・カソリック教育委員会（ディストリクト・ボード）がトロント・アルファの指導の下に、「日帝の残虐かつ悪辣《あくらつ》な行為を学生たちが習えるようにしよう」という内容の了解覚書を締結した。

ちなみに、二〇一四年の「海外子女文芸作品コンクール・作文の部」特別賞には、次のようなトロントの日本人補習学校の小学五年生の作文が選ばれている。「私が一番ショックだったのは、昔、多くの日本人の兵士が外国へ行き、その国々を自分たちのものにするために戦う中で、日本人がその国で暮らしていたたくさんの人たちを傷つけ、殺したということでした。私は、今までずっと日本人は礼儀正しく、親切だと思っていました。だから、日本の歴史を知り、悲しい気持ちでいっぱいになりました。……」

この旅では、二〇一四年十二月の渡米調査に続いて、ニュージャージー州バーゲン郡ニューミルフォードの公立高校生から「南京大虐殺」などの授業について話を聞いた。「南京大虐殺」をテーマとするプロジェクトで、クラスメイトがルワンダ、チベット、ナチス・ドイツの収容所の大虐殺と「南京大虐殺」を同じ扱いで発表したが、その日本人高校生は当時南京にいた祖父の話を聞いていたので、「日本人がそんなことをするはずがない」と抗議したという。小学校五年生のとき、韓国人の男の子から突然「日本人は悪いから」と言われ、なぜアメリカでこんなことを言われるのか理由がまったく分からなかったが、母は「戦争についての解釈が違うので、アメリカでそういう教育を受けているからだ」と説明したとも聞いた。

また、同郡にある半数以上の生徒が韓国人という高校に通う日本人の生徒によれば、「竹島は韓国の領土だと思うか？」と何度も同級生から質問され、「相当参った」という。また、アメリカの地図には日本海を“East Sea”と表記しているものが多く、特に韓国人が多い学校ではそういう表記の地図が使われているという。授業でも“East Sea”か“Sea of Japan”かという議論が起き、先生が即答できず、その生徒が翌日に調べて“Sea of Japan”が正しいと主張したが、韓国人生徒も一向に引き下がらなかったため、激しく対立したという。

この生徒の母親は、「韓国でもなく日本でもないアメリカでこのような方法を使って正しくない情報を植えつける行為を進めることに対し、日本政府として正しい内容を声を上げて周知することが必要だと思います。その正しくない情報をめぐって、日本人の親だけでなく子供たちまでそれらの被害が及んでいる現状をしっかりと理解してほしい」と訴えた。

三月十一日、トロントからロサンゼルスに移動し、十二日からカリフォルニア大学ロサンゼルス校のチャールズ・ヤング研究図書館の特別コレクションに所蔵されているブラッドフォード・スミス文書について研究調査を行った。

三月十六日、ロサンゼルスからサンフランシスコに移動。十七日にソノマ州立大学とミルズ・カレッジ、十八日と十九日はスタンフォード大学フーバー研究所で調査。ニューヨーク、ロサンゼルス、サンフランシスコで総領事、首席領事らと面会し、二十一日に帰国した。

第六章　ユネスコにおける「歴史戦」

冤罪裁判史料が「世界の記憶」に

戦後七十年という節目の年を前に、中国は対日歴史戦を本格化し、二〇一四年六月、「従軍慰安婦」と「南京大虐殺」に関する史料をユネスコ記憶遺産に登録申請した。

筆者は二〇一五年七月九日、パリのユネスコ日本代表部を訪れ、駐ユネスコ公使と参事官に会い、中国がユネスコ記憶遺産として登録申請した史料の問題点について協議し、英文の反論文書を手渡した。これは従来の論議の土俵をつくり直し、「南京大虐殺はなかった」と主張するのではなく、「あった」と主張している中国側に挙証責任があるという前提に立って、「あった」という論拠は第一次史料で立証されているのかを検証することを重視したものである。筆者と藤岡信勝氏が監修した反論文書は七月三十日、日本の民間団体によってユネスコ本部に正式に届けられた。

中国が申請した「南京大虐殺」史料は、①日本軍の蛮行の様子を写したとされる十六枚の写真、②日本軍の虐殺を米人牧師ジョン・マギーが撮影したとされる「マギー・フィルム」、③『中国人慰安婦』(オックスフォード大学出版)に引用されている程瑞芳(南京市国際安全区で働いていた中国人女性)日記、④虐殺を証言したとされる日本兵(米マグロウヒル社の教科書で学んだ高校生が見せられた証言ビデオに登場する永富博道や佐々眞之助、廣瀬三郎）の供述書、⑤中国国民党による南京軍事法廷（一九四六年）で裁かれた第六師団長、谷寿夫《たにひさお》中将に関する裁判史料などである。「従軍慰安婦」史料には、日本の工兵が上海に建てた木造の「楊家宅《ようかたく》慰安所」などの十九枚の写真が含まれている。

①の写真には、東中野修道他『南京事件「証拠写真」を検証する』（草思社）において指摘されているように、服装が軽装で南京が陥落した冬の時期に合わない写真が含まれている。②の映像フィルムには、日本軍が虐殺している映像はまったくない。③の日記は中国版「アンネの日記」と呼ばれ、英語版は南イリノイ大学出版より刊行されているが、虐殺についてはすべて伝聞情報に依拠したものである。④の供述書も、中国共産党の洗脳教育の結果の政治宣伝にすぎず、信憑性《しんぴょうせい》がない。⑤の第六師団による「大虐殺」は一九三七年十二月十二日ごろから二十一日までの約十日間に行われたと裁判で認められたが、同師団は南京から約六十キロ離れた蕪湖の警備を命じられ、十二月十五日から移動しており、南京にいたときも中華門の外に駐留していた。

中国の登録申請書には、「大虐殺」の期間は六週間と書かれているが、前述したように、第六師団は南京にほとんどいなかった。南京軍事法廷は弁護側に反対尋問の機会を与えず、証人喚問の要請を却下した。証人喚問で証言できなかった下野参謀長以下、約百名の日本兵が「大虐殺」の存在を否定する本を出版している（熊本兵団戦史編纂委員会編『熊本兵団戦史　支那事変編』熊本日日新聞社、下野一霍『南京作戦の真相――熊本第六師団戦記』東京情報社、参照）。このような「冤罪《えんざい》裁判」史料は、ユネスコの記憶遺産にふさわしいものとはいえない。

また、中国が「従軍慰安婦」史料として申請した「楊家宅慰安所」の「写真の現物と著作権は、中央档案館《とうあんかん》にある」と申請書に明記しているが、この写真は慰安所で慰安婦の検診を行った軍医の麻生徹男《あそうてつお》氏が撮影したもので、天児都《あまこくに》・麻生徹男共著『慰安婦と医療の係わりについて』（梓書院）に掲載されており、麻生氏の娘である産婦人科医・天児都さんは、所有者が許可していない写真を無断で虚偽申告するのは「著作権の侵害である」と訴えている。これはユネスコ記憶遺産登録の選考基準や倫理基準に違反することは明白である。

韓国人慰安婦については、日本における研究はほぼ決着がついているといえるが、中国人慰安婦については、前述した英文著書もほとんど知られておらず、十分な研究が行われていない。この盲点を衝く形で中国側がユネスコの場を政治的に利用しようとしているのである。

英文著書『中国人慰安婦』（米ヴァッサー大学の丘培培教授らの共著）は二〇一三年に出版されたもので、冒頭の第一章「日本の侵略戦争と軍の『慰安婦』制度」には、次のように書かれている。

日本の中国侵攻がエスカレートすると、すぐに中国人女性に対する日本人の性暴力と性奴隷が始まった。日本軍は華北で性奴隷にするため、地域の女性を拉致《らち》した。戦争が進行すると、軍隊のあるところにはどこにでも慰安所が設置された。……中国の全国調査によれば、一九三二年の冬、華北の一部を占領した関東軍の第十六旅団、第八師団の兵士たちは、直ちに美人の女性を拉致し、性奴隷として軍の兵舎に監禁した。同時に軍は近隣の村で女性に暴行し続けた。一万人以上の地域の女性が自分の家で強姦《ごうかん》された。一九三五年の秋、同地区内で、群衆の中から女性全員を引きずり出し、家族の目の前で強姦した。数人の兵士が妊娠六か月の女性を裸にし、庭のテーブルに縛りつけた。抵抗する女性の写真を撮り、腹を切り開き、胎児を銃で引き出した。この地で記述された日本軍の暴力は続き、あまりにも残酷であったので筆舌に尽くしがたい。…… Timothy Brook は、次のように説明している。「子供を育てる年齢の女性が強姦されたり売春を強制されたりするのは、彼女らが国家の本体をなすからである。強姦は征服のジェスチャーとして広く行われるのであり、単なる男性の性的渇望のために行われるのではない。屈辱を与える目標は中国女性である。それは無力の証《あかし》である」。……この「征服のジェスチャー」は、日本軍が華北を最初に征服するとすぐに行われ、日中戦争全体を通して続いた。……清王朝の終焉《しゅうえん》以来、上海は常時日本海軍の基地であった。一八八〇年代に早くも街に日本の売春宿が現れた。

一八八二年までに上海での日本の売春婦の数は八百に上った。……一九〇七年の夏には日本の「貸座敷」（売春宿のようなタイプのもの）が上海で開業した。「貸座敷」は、日本の海軍が最初の慰安所から考え出した施設であった。日本の総領事が作成した文書「租借地での不許可売春の現行取り締まりと、一九三八年における上海での日本の特殊女性の状況と管理」は、日本軍の慰安婦制度の始まりを詳細に説明している。……専門医が、海軍の陸地戦闘隊の将校と総領事の警察官同席で一週間に一回、売春婦の健康診断をした。……日本軍の指導者は、性的慰安施設は軍の士気を高め、性病の蔓延《まんえん》を防ぐのに必要だと考えた。しかし性病予防にならず、慰安婦制度は性暴力の温床になった。……日本軍の慰安施設は、他の国で見られる普通の売春宿や連隊付きの売春宿とは違っていた。相違点は、純然たる戦争関連目的で日本軍当局によって始められた点、そしてほとんどは日本軍によって直接管理され利用されていた点である。加えて大勢の女性が強制的に慰安所に送られ、継続的に性的搾取目的で慰安所に拘留されたのである。……日本占領の最初の何週間、南京とその近辺で殺害された市民と捕虜の総数は、二十万人以上であることは、死体の埋葬社とその他の機関が十五万五千人の遺体を埋葬した事実によって裏づけられている。……東京裁判は、南京虐殺の間に日本兵が行った性暴力の無慈悲さを説明している。町中で若い女性も年老いた女性も残酷に強姦され、多くの女性がその後殺され、遺体は切断された。東京裁判の概算では、日本の占領の最初の月に、南京市内で二万人が強姦された。……中国の戦時報告によれば、南京虐殺のころ、日本軍はすでに慰安所で中国人女性を集団奴隷にすることを始めていたことが確認されている。南京防衛軍の中国人医師によれば、南京陥落後、日本軍は昼間に女性を拉致し、集団強姦した。彼女らは国際安全地帯においてさえも性奴隷にするために拉致された。……この地域の中国人女性の奴隷化と並んで、日本軍は一九三八年の初期から、朝鮮人、日本人、台湾人女性の中国本土への違法な人身売買を増加させた。中国人慰安婦が軍の情報を中国軍にもらすことを懸念していたのである。海外から中国に輸送された慰安婦の大多数は朝鮮人であった。……ひとたび戦争が起こると、中国人女性の膨大な数の拉致と奴隷扱いが多くの都市で起こり、間もなく日本軍のすべての駐屯地で起こった。

引用が長くなったが、中国がユネスコに記憶遺産として登録申請した史料が全体として訴えているのはこういうことである。申請史料の中にニセ写真や著作権侵害という基本的な問題点があることは、誰が見ても客観的な事実であることは明白である。

ひとたび登録が決定されてしまえば、世界に及ぼす影響は計り知れないものがある。そのような危機感から、やむにやまれぬ思いで、英文の反論文書を届けた次第である。その中には、竹本忠雄・大原康男共著『再審「南京大虐殺」――世界に訴える日本の冤罪』（明成社）も含まれている。北村稔著 "The Politics of Nanjing"（アメリカ大学出版）も英文著書として説得力がある。これは、北村稔『「南京事件」の探究』（文春新書）の英語版であるが、「南京事件」を世界に知らしめたイギリスの記者ティンパーリが書いた『戦争とは何か』が、国民党中央宣伝部の戦時プロパガンダの所産であったことを、当事者の証言によって明らかにした。

ティンパーリは中国国民党宣伝機関の英国支部で責任者を務めていたことを示す史料が台北市にある国民党の党史館で発見された。

今回の旅では、パリのユネスコ本部に続いてロンドンも訪れた。英国立公文書館所蔵のMI5（英情報局保安部）の「ノーマン・ファイル」を調査するためである。カナダの外交官で共産主義疑惑のあったノーマンに関する秘密文書には、GHQの占領政策と共産主義とのかかわりを示す史料が含まれている。

コミンテルン（国際共産党）の日本代表としてモスクワに滞在していた野坂参三《のさかさんぞう》（元日本共産党議長）は、「軍国主義者と人民・兵士を区別する」という毛沢東《もうたくとう》の基本方針に従い、中国共産党の指揮下で日本人捕虜の洗脳教育に成功し、これが米軍の対日心理作戦の実践的モデルとなって、「ウォー・ギルト・インフォメーション・プログラム（WGIP）」として結実した。

今回調査した「ノーマン・ファイル」によると、マッカーサーの政治顧問付補佐官ジョン・エマーソンは、共産主義者をはじめとする「戦争反対分子」を支援、激励することによって、日本人の「内部崩壊」を促進すべきだという覚書を国務省に送り、「連合国の対日心理作戦の内容と方法を改善する道は心理工作のために、大規模に日本人捕虜を募ることだ」という野坂の書簡をワシントンに持ち帰り、グルー国務長官あての覚書において、「日本人捕虜の教化が望ましいと確信した」と述べている。

和訳されない史料が国際論争の論拠に

二〇〇七年七月三十日に米下院で可決した慰安婦に関する対日非難決議のベースになったのは、同年四月三日に米議会調査局のラリー・ニクシュ調査員が同議会に提出した「日本軍の『慰安婦』制度」と題する報告書であった。

同報告書が次のように「結論」づけていることは極めて注目される。

慰安婦への公的保障は、慰安婦以外の他の虐待を受けた集団からの賠償請求というパンドラの箱を開けるのではないかという憂慮を日本は示している。この可能性は一九四五年のアメリカによる日本の都市へのナパーム弾による爆撃（一九四五年三月十日の東京大空襲に始まり、推定で八万人以上の日本人を殺害した）と、一九四五年八月の原爆投下に対するアメリカの公的補償を可能にするという、逆の危険性をはらんでいる。……安倍は慰安婦制度の中で雇用のみを重視して、他の面（移送、慰安所の設立と管理、慰安所での女性の管理）で果たした日本軍の深い役割を矮小化《わいしょう》しようとする。軍は、とりわけ朝鮮では、雇用の大部分を直接行ってはいなかったのかもしれない。しかし、安倍政権の軍による強制連行の否定は、一九九二年から一九九三年に政府が行った調査で得られた元慰安婦の証言や、田中ユキ著『日本の慰安婦』に記載されているアジア諸国出身の二百人近い元慰安婦の証言や四百人以上のオランダ人の証言と矛盾している。……安倍政権と日本の前途と歴史教育を考える議員の会は、主に朝鮮の状況を念頭に置いて発言しているように見受けられる。……強制的な雇用の証拠はなかったという主張は、オランダ領東インド（現インドネシア）で七人の日本軍士官と軍に雇われた四人の市民労働者がオランダ人と他の女性に強制的な売春をさせ、強姦《ごうかん》を行ったというオランダ戦争犯罪法廷での事実認定と判決（三人の死刑を含む）を無視しているか、または拒絶しているように思われる。これは連合国と日本との間で一九五一年に締結されたサンフランシスコ平和条約の第十一条に安倍政権が反しているのではないかという、潜在的に極めて重要な疑念が生じる。第十一条では「日本国は、極東国際軍事裁判所並びに日本国内及び国外の他の連合国戦争犯罪法廷の裁判を受諾」すると定められている。……二〇〇七年三月二十四日のワシントン・ポスト紙の「安倍晋三の二枚舌」という論説では、北朝鮮による拉致《らち》事件に対する安倍首相の情熱と「第二次世界大戦中に何万人という女性を強制連行、強姦、性奴隷化した日本の責任を取り消そうとする動き」を「安倍首相の二重のキャンペーン」として対照的に描き出す。この論説は「もし安倍が拉致された日本人市民の運命を探る件で国際的な援助を求めるのならば、安倍は日本の犯罪に対する責任を直接認め、彼が中傷している犠牲者に対する謝罪を行うべきである」と断言している。したがって、日本政府が百人以上の元慰安婦の証言を拒絶すると、外部の者にとっては北朝鮮による日本の市民の拉致事件の信頼性に対する疑問を抱かざるをえないのである。

最も注目されるのは、田中ユキ著『日本の慰安婦』を最大の論拠としていることである。同報告書によれば、二〇〇六年九月十三日に上院外交委員会に提出され、継続審議になった決議案七五九号の主な条項は以下の通りであった。

・「一九三〇年代および第二次世界大戦の間、若い女性を性奴隷（一般には「慰安婦」と呼ばれる）にした責任を、日本政府は公式に認めるべきである」という意見を表明する。
・日本政府は「性奴隷」にする目的で、慰安婦を「組織的に誘拐、隷属」させた。
・慰安婦は家庭から誘拐されたか、または嘘《うそ》の勧誘によって性奴隷にされた。
・日本政府の慰安婦制度は、慰安婦に対して「人道に反する数えきれない犯罪」という苦痛をもたらした。
・歴史家は二十万人もの女性が「性奴隷にされた」と結論づけた。

・日本の歴史教科書の中の慰安婦制度に関する記述を縮小または削除しようと日本政府は努力してきた。
・日本政府は「この人道に反する恐ろしい罪」を現在および将来の世代に教育するべきであり、慰安婦への支配と隷属はなかったという主張を公式に否定するべきである。
・日本政府は慰安婦に関して国連とアムネスティ・インターナショナルの勧告を受け入れるべきである。

翌年の一月三十一日に下院外交委員会に提出された決議案一二一号の発起人は七十五人で、以下のようなものであった。

一九三〇年代から第二次世界大戦の期間を通して、日本政府は、「慰安婦」と呼ばれる若い女性たちを日本軍に性的サービスを提供する目的で動員させた。日本政府による強制的な軍隊売春「慰安婦」制度は、「集団強姦」や「強制流産」「恥辱」「身体切断」「死亡」「自殺を招いた性的暴行」など、残虐性と規模において前例のない二十世紀最大規模の人身売買の一つである。

日本の学校で使われている新しい教科書は、こうした慰安婦の悲劇や太平洋戦争中の日本の戦争犯罪を矮小化している。また、最近日本には、慰安婦の苦痛に対する政府の真摯《しんし》な謝罪を含む河野洋平官房長官による一九九三年の「慰安婦関連談話」を弱めようとしたり、撤回させようとしている者がいる。

日本政府は一九二一年に「婦人及児童ノ売買禁止ニ関スル国際条約」に署名し、二〇〇〇年には武力紛争が女性に及ぼす影響についての国連安保理決議「女性、平和及び安全保障に関する第一三二五号」も支持した。下院は、人間の安全と人権・民主的価値・法の統治および安保理決議一三二五号に対する支持など、日本の努力を称《たた》える。米日同盟はアジア太平洋地域で政治経済的な自由、人権と民主的制度に対する支持、両国民と国際社会の繁栄確保をはじめ共同の核心利益と価値に根ざす。

下院は日本の官僚や民間人らの努力により本人たちの贖罪《しょくざい》の意識を慰安婦に伝えた後、二〇〇七年三月三十一日に活動を終了した。

前述した米議会調査局の報告書はその直後の四月三日に出されたもので、「日本の教科書での慰安婦問題」と題する項目において、次のように指摘している。

日本の歴史に対する肯定的な見方を提示する歴史教科書の出版の作業のために「新しい

歴史教科書をつくる会」が結成された。二〇〇一年に承認された八冊の歴史教科書が慰安婦について触れていないのは、疑いもなく「新しい歴史教科書をつくる会」の批判とキャンペーンの結果であった。韓国は抗議の意味を込めて、計画されていた日本との交流事業のいくつかを中止した。二〇〇五年には新しい検定済み教科書の多くが慰安婦についての言及を取りやめ、慰安婦に触れているのは一冊のみとなった。中山成彬文部科学大臣は教科書の慰安婦についての説明は「不正確であった」と述べて、この決定をした。……二〇〇一年九月の国連人権委員会の日本に対する勧告では日本の学校教科書や補助教材においてて「公平なバランスのとれたやり方」で歴史を教えるように命じている。

このように日本の「新しい歴史教科書をつくる会」と「日本の前途と歴史教育を考える議員の会」の動向や歴史教科書検定について分析した上で、前述した結論、すなわち、ナパーム弾爆撃と原爆投下に対する公的補償というパンドラの箱を開ける危険性、東京裁判を受諾したサンフランシスコ平和条約違反や北朝鮮による日本人拉致事件の信頼性に対する疑問に言及していることは、アメリカ人の本音を吐露しているという意味で大変興味深い。

さらに、米下院決議の最大の根拠になった田中ユキの著書については、「韓国、中国、台湾、フィリピン、インドネシア、オランダの元慰安婦の証言。これらの証言の多くは、二〇〇二年に出版された田中ユキ著『日本の慰安婦』に書かれていて、四百人以上の女性の証言を引用している」と特筆している。

同年四月十三日付しんぶん赤旗も、同報告書が日本軍の「従軍慰安婦」に対する「強制性」の根拠として、田中ユキの著書を挙げていることに注目し、次のように報じている。

米議会調査局の報告書「日本軍の『慰安婦』制度」は……四百人以上の「慰安婦」の証言にもとづく二〇〇二年出版の田中由紀氏の著書『日本の慰安婦』など九件を列挙。……報告書は「強制」とは「暴力的な行動で無理強いすること」だとして、田中氏の著書で二百人以上の元「慰安婦」が日本軍や憲兵、軍の代理人による暴力的な拘束について述べていると指摘しています。

同書は、「慰安婦四十万人説」を提唱する上海師範大学の蘇智良・陳麗菲教授と米ヴァッサー大学の丘培培教授の共著『中国人慰安婦——日本帝国の性奴隷からの証言』（オックスフォード大学出版）にも影響を与えた。「慰安婦制度を『軍の性奴隷』ととらえる代表的な学説」として高く評価され、十か所で同書が引用され注記されている。

しんぶん赤旗には「由紀」と漢字で表記されているが、「田中ユキ」は広島市立大学の田中利幸元教授が英文で著作を発表する際に使用するペンネームで、田中教授はオーストラリア国内で記事を書く場合には「赤坂まさみ」の名前を使用しているようである。

田中教授の英文著書には“Japan's Comfort Women : Sexual Slavery and Prostitution during World War II and the US Occupation”（『日本の慰安婦――第二次世界大戦と米占領下の性奴隷と売春婦』）と“Hidden Horrors”（『知られざる恐怖』）がある。このうち“Hidden Horrors”は『知られざる戦争犯罪――日本軍はオーストラリア人に何をしたか』という学術書のようなタイトルで大月書店から出版され、「人肉食は、日本の軍隊の中で組織的に行われた」ことを強調し、女優のアンジェリーナ・ジョリー監督の映画「アンブローク
ン」の主要参考文献となった。

後著の序文で田中教授は、「日本軍が戦時中示した極端な暴力性、残虐性は日本人固有の国民的性格に由来するものであり、日本の『特殊な』文化性と深く関連した問題であるという考え方が支配的となり、戦後もこうした観念がかなり長く欧米諸国だけではなく日本国内においても持続された。……何が日本人をしてそのような残虐な犯罪を犯さしめるにいたったのかという問題をともすると忘れがちである」と指摘している。

さらに、田中利幸編『戦争犯罪の構造――日本軍はなぜ民間人を殺したのか』（大月書店）の「あとがき」において、「日清戦争以前から私たちの先祖がアジア各地で犯したさまざま

な非人道的な残虐行為を直視し、そこから残虐行為を発生させる原因と経過を正しく学びとる必要性を訴えることが重要である」と強調している。

このように日本人特有の非人道的残虐性を強調する田中教授の著書が国際的に大きな影響を与え、二〇一四年六月に中国がユネスコに記憶遺産への登録を申請した際も、「米下院の決議一二一号は、二〇〇七年七月三十日に可決され、第二次世界大戦中のアジア諸国からの『慰安婦』（日本帝国軍隊のための性奴隷）の強制的徴用を非難した」と明記され、戦後七十年の国際的な歴史論争にも影響を及ぼし続けている。日本語に訳されていないために日本人のほとんどが知らない田中教授の著書や論文を学問的に検証する必要があろう。

筆者は二〇一五年十月四日から六日までアラブ首長国連邦の首都アブダビで開催されたユネスコ記憶遺産国際諮問委員会（ＩＡＣ）にオブザーバーとして参加し、オピニオン・ペーパーを同委員会に提出した。ここでは基本的問題点として、以下の三点を主張した。

第一に、ユネスコは「記録遺産保護のための一般指針」で、「『法の支配』を尊重すること……著作権法……は遵守・維持される」と明記しており、中国が上海の楊家宅《ようかたく》慰安所の写真を所有者に無断で申請し、著作権を持っていると虚偽申請していることは、同指針に違反する。

第二に、同指針は、ＩＡＣは「記録遺産へのアクセスを可能とすることを要求する」と定めているにもかかわらず、中国は申請史料の一部しか公開していない。史料公開ならびに客

2015年10月、アブダビで開催されたユネスコ記憶遺産国際諮問委員会にて

観的検証を拒否する中国の一方的な主張に基づいて登録が決定されれば、ユネスコの国際的な信頼と権威を著しく損ねることになる。

第三に、中国が登録申請した史料の中には、史料のごく一部のみを抜き出したものがあり、史料全体の中での位置づけや評価ができないために、内容の真正性について判断することができない。

大失態の日本外交
――中国の政治宣伝が世界記憶遺産に

中国がユネスコ記憶遺産として登録申請した「南京大虐殺」史料が、二〇一五年十月四日からアブダビで開催されたユネスコ記憶遺産国際諮問委員会（IAC）で激論の末、多数決が行われ、僅差《きんさ》で登録されてしまった。将来に禍根を残す日本外交の大失態といわざるをえない。

筆者はIACでの審査に先立ち、二〇一五年五月八日に中山外務副大臣に面会し、夕刊フジ（同十八日付）、産経新聞「解答乱麻」（六月十日付）、国家基本問題研究所「今週の直言」（七月二十七日）や自民党外交・経済連携本部・国際情報検討委員会（五月十四日）などでこの問題について警鐘乱打してきた。

七月三十日には保守系団体の代表団がパリのユネスコ本部を訪問し、反論書簡・資料をIACの全委員に届けた。しかし、結果的には対応の遅れが致命傷となった。日本政府・外務省は早くから動いたが、本格的に対応したのは七月以降で、官民共に対応が後手に回った。

二〇一四年十二月一～三日と二〇一五年四月十七日にIACの下部機関で事前に審査して評価をIACに勧告する登録小委員会が開催され、中国側に史料の不備を指摘し、追加修正を求めた。中国が新たな申請書をユネスコに提出した結果、登録小委員会は「南京大虐殺」史料は「仮登録」、「従軍慰安婦」史料は「保留」という評価を下した。この評価が、IACの議決に決定的な影響を与えた。

中国はこの登録小委員会に積極的に働きかけ、猛烈な攻勢をかけたが、日本側はほとんど何もしなかった。日本の油断の最たるものは文部科学省のユネスコ対策である。二〇一二年五月にユネスコの地域活動を担うアジア太平洋地域ユネスコ記憶遺産委員会（MOWCAP）に加入する条件を満たしたため、同委員就任要請を受けたにもかかわらず、民主党政権下の文部科学省が断ってしまったという衝撃的な事実があることが分かった。

今回の中国の登録申請の中心人物は中央档案館《とうあんかん》の李明華副館長で、MOWCAP議長としてIACに参加していた。ちなみにIACの審査にかかわったアジア太平洋地域の三か国（カンボジア、オーストラリア、ニュージーランド）は、MOWCAPの委員も務めており、アーキビスト（公文書館などの専門職）の人脈で深くつながっていた。日本は委員就任を拒否したために、IACに対して影響力を持つMOWCAPで蚊帳の外に置かれ、議長と事務局長は中国、副議長は韓国で、二人の中国人委員を加えて十人中五人が中韓で占められることになってしまった。

ちなみに、IACの委員は各国の推薦者リストの中からユネスコ事務局が選定する。

二〇〇七年から四年間、青柳正規氏（のちの文化庁長官）がＩＡＣ委員を務めていたが、その後途切れてしまった。アーキビストの国際ネットワークに入ることが重要であるが、中韓が世界記憶遺産への登録を開始したのが一九九七年であるのに対して、日本が開始したのは二〇一一年で、十四年も後れを取っていた。ＭＯＷＣＡＰについても日本のアーキビストの関心が低かったことが委員就任要請を断った最大の理由であった。

ＭＯＷＣＡＰの会議は二年に一回開催されるが、日本は参加しなかったため、まったく蚊帳の外に置かれていた。中国は官費でＭＯＷＣＡＰにアーキビストを送り込み、人的ネットワークづくりに力を入れたが、日本は官費で派遣するシステムにはなっていなかった。この国家戦略の差が今回のユネスコ記憶遺産登録の決定に結びついたといえる。

日本政府は中国の関係機関に対して五回抗議し、登録申請の取り下げを申し入れ、申請史料の共有と日本人専門家の受け入れを八回申し入れるとともに、ユネスコ事務局に対しても十五回日本の懸念を伝えて慎重な審査を申し入れ、筆者のオピニオン・ペーパーを含む六本の書簡を全ＩＡＣ委員とユネスコ事務局に提出した。このような懸命の外交努力にもかかわらず、歴史的敗北を喫してしまったのである。

アブダビでのＩＡＣに、筆者は外務省幹部と共に日本を代表する立場でオブザーバーとして参加した。議長の裁量で反論する機会があるかもしれないとの情報もあったので、具体的事実に踏み込んだ英文反論文書を準備したが、その機会はなく、オピニオン・ペーパーをIACに提出することしかできなかった。

「南京大虐殺」は中国国民党宣伝部のプロパガンダにすぎないことが第一次史料で実証されている。「南京大虐殺」のプロパガンダ本であるハロルド・ティンパーリ編『戦争とは何か――中国における日本軍の恐怖』が一九三八年に英語で出版され、その漢訳版の『外人目撃中の日軍暴行』も出版され、「四万人近くの非武装の人間が殺された」と述べた。しかし、筆者が調査研究した米コーネル大学図書館所蔵の極秘文書により、同書は中国国民党宣伝部が編集製作した宣伝本であることが裏づけられた。

中国が登録申請した史料に関しては、日中間および研究者間において、歴史的な事実関係の認識やその評価が大きく異なっているにもかかわらず、中国は一方的な主張を展開している。特に多くの依拠史料の信憑《しんぴょう》性について疑問が呈せられており、十分な検証が必要である。

また、中国が登録申請した史料には、日本軍が作成したと思われる史料も多数含まれているため、日本から中国に対し、すべての申請史料の情報提供を求めるとともに、日本人専門官による中国関係機関訪問への協力を要請したが、中国は登録が決定された後も日本に協力できないと拒否し続けている。

今回申請された史料は原文書群から意図的に抜粋されたものであるため、申請された各史料と原文書群との関係性が失われるとともに、原文書群の完全性も失われることになる。中国の申請書で説明している「南京大虐殺」の犠牲者数や「従軍慰安婦」の強制性などを裏づける資料に乏しく、申請書の主張と申請された史料の内容が一致しない。

さらに、申請された史料が非公開のためアクセスすることができず、原文書群の他の史料も非公開のため、申請された史料の性格がいかなるものであったかを判断することができない。WEB上で公開されている史料も部分的であるため、前後の文脈などがまったく分からない。

学術的観点から史料の真正性が疑われる申請物件や写真が多く含まれており、特に写真については、いつ、どこで、誰が、どのような目的で撮影したのか不明なものが多い。『アンネの日記』でさえ記憶遺産登録前に慎重な検証がなされたことを考えれば、検証を経ないで登録することには問題がある。

アブダビから帰国後、十月十四日に開催された自民党外交部会・文部科学部会・外交・経済連携本部・国際情報検討委員会・日本の名誉と信頼を回復するための特命委員会合同会議において、私はアブダビ会議にオブザーバーとして参加して痛感した問題点と課題について以下の七点を指摘した。

一、「南京大虐殺」の記憶遺産登録は、「心の中に平和の砦《とりで》を築く」というユネスコ憲章の基本精神および紛争などの危機から記憶遺産を保護するという記憶遺産事業の趣旨に反して、国家間の分断、対立を助長し、登録結果が中国の一方的な政治的宣伝を正当化するための道具として利用されることになるため、制度的歯止めをかける必要がある。

二、記憶遺産は申請者が提出した申請史料を根拠に審査・決定する仕組みになっており、選考基準が文書管理の専門家だけで変更可能になっている。ユネスコは加盟国からの拠出金で運営されているにもかかわらず、加盟国政府の立場から独立して審議が行われ、「中立性」「公開性」が十分に担保されていない。ユネスコ事務局はこれらが担保されるように、審議経過の公開や反論の機会の保障などの新たなルールづくりなど、審査・決定のプロセスを抜本的に改革する必要がある。

三、中国の申請案件は日本においても史料が多数存在し、日本側の史料も含めたバランスの取れた包括的な学問的検証が必要である。これまでの日中歴史共同研究の成果を踏まえず、国際諮問委員会の場で異議を申し立てて反論する機会も与えられず、一方の当事者の申請案件のみが登録され、一方的な歴史解釈が押しつけられることは、「完全性」「公平性」の点で問題がある。

四、国際諮問委員会にオブザーバーとして参加して最も痛感したことは、MOWCAPの李明華議長はアーキビストの国際ネットワークで国際諮問委員会のメンバーと強いつながりがあり、このアーキビストの国際ネットワークに日本のアーキビストが加わっていないことが日本の最大の弱点といえる。

五、中国外務省の副報道局長の十月十二日の記者会見によれば、ユネスコ側から「中国以外に慰安婦問題の被害国がある。このため、ユネスコの国際諮問委員会は規定に基づき、関係国との共同申請を奨励し、二〇一七年の次回会議で審査する」と伝えられたという。これを受けて中国、韓国、台湾、北朝鮮、オランダ、フィリピンなどが国際連帯推進委員会を結成して共同で登録申請する準備が進められることになり、これらの国々の慰安婦関連史料への対応に万全を期さなければ、今回の二の舞になる危険性が極めて高い。

六、今回の中国の申請書の冒頭にある趣旨説明の半分近くが、東京裁判からの引用になっており、東京裁判を学問的に検証する国際的な共同研究に取り組む必要がある。

七、前述した共同申請の中心になっている中国の上海師範大学の慰安婦問題研究センター長の蘇智良教授等の共同研究では、「慰安婦四十万人、うち中国人慰安婦二十万人、慰安婦三十万人虐殺」というとんでもない虚説が発表されている。この共同研究に中国政府は一三二〇万円の研究費を支給しており、官民一体となった取り組みが行われている。中国メディアの「慰安婦関連史料はＭＯＷＣＡＰで登録すればいいではないか」という質問に対して、蘇教授は、前述した国際諮問委員会への共同申請が奨励された事実を認める発言をしている。

この七点を踏まえた筆者の提言は、以下の六点である。

一、「南京大虐殺」申請史料の中で、「記録遺産保護のための一般指針」に示され、登録の選考基準となる「真正性」「完全性」の観点から問題のある史料を列挙し、登録の取り消しを求める。

二、ユネスコ記憶遺産事業の制度を抜本的に改革し、申請史料を全面的に公表して公開の場で議論する「透明性」の高い仕組みに改めるようユネスコに求める。五十八か国で構成するユネスコ執行委員会の三分の二以上の賛成で登録システムを変更できるので、そのための働きかけに早急に着手する。

三、首相（官邸）主導の特命チーム（外務省、文科省、有識者からなる官民一体の研究協議を行う）を発足させ、「南京大虐殺」申請史料の検証と反論文書の作成、「従軍慰安婦」申請史料の検証と「中国人慰安婦」研究、中韓などが組織した国際連帯推進委員会が二〇一六年三月に予定している共同申請の動向分析、反論文書の作成に取り組む。

四、その研究成果を踏まえて、政府見解や外務省ホームページの「歴史問題Q＆A」を抜本的に見直す。
五、「南京大虐殺」申請文書が依拠している東京裁判について、自民党の特命委員会で再検証を行う。その際、国士舘大学の百周年記念「東京裁判研究プロジェクト」との連携を図る。
六、「従軍慰安婦」についてはMOWCAPへの登録申請もできるので、二〇一六年五月に改選される委員に日本代表を送り込む。

中国政府は上海師範大学の慰安婦問題研究に一三二〇万円の研究費を支給して申請を着々と準備し、韓国女性家族部傘下の韓国女性人権振興院が共同申請を推進してきた。わが国も官邸主導で官民一体となった組織体制を構築して万全を期さないと、再び安倍談話を吹き飛ばすほどの威力を持った歴史的大敗北を喫することは火を見るよりも明らかだ。何としてもそれを阻止しなければならない。

今日の「南京大虐殺」と「従軍慰安婦」問題は、単なる事実論争ではなく、「武士道の国」日本を評価してきた世界の親日家の日本観を一八〇度転換し、日本人や日本文化に対する信頼を根底から覆す威力を持っている。この根本的な誤解と偏見を払拭《ふっしょく》し、日本の名誉と信頼を取り戻すための歴史戦の正念場を迎えた。官民一体となって、この国難に対処しなければならない。世界に信頼される「美しい日本」を取り戻す対外発信こそが今、日本に求められているのだ。

「秘密作戦」に一杯食わされた日本外交
――歴史的敗北を繰り返すな

中国の「南京大虐殺」史料のユネスコ記憶遺産登録という、日本外交の歴史的敗北に対し、今後いかに反撃すべきか。第一に取り組むべきは、今回登録が決定された中国の「南京大虐殺」史料の全面公開を求め、日本人研究者を中国の档案館《とうあんかん》に派遣して検証し、反論文書を作成してユネスコに取り消しを求めることである。

ユネスコの「記録遺産保護のための一般指針」の「リストからの削除」の項目によれば、「新たな情報によって登録の再評価が行われ、非適格性が証明された場合」は「削除の根拠となりうる」という。また、見直しのプロセスは、事務局に対し書面で懸念を表明することによって開始できる。これを受けて問題は登録小委員会に付託され、調査と報告が行われる。懸念が裏づけられた場合、ユネスコ事務局は原申請者に連絡を取ってコメントを求める。登録小委員会は、次にそうしたコメントおよびそれまでに集められた追加データの評価を行い、IAC（国際諮問委員会）に対し削除または登録維持、または何らかの是正措置を勧告する。

しかし、中国側が日本の史料公開などの要請を拒否する可能性が高く、反論文書を作成しても水掛け論になり、第三者の判断も困難が予想されるため、ユネスコ記憶遺産リストの登録選考基準に明記されている「完全性」や写真の著作権侵害や「真正性」などに反論を重点化する必要がある。

第二に、ユネスコ記憶遺産事業そのものの抜本的制度改革をユネスコに働きかけることである。具体的には、国際諮問委員会規定、手続規則、一般指針、登録の手引（「真正性」や「完全性」「仮登録」「見直しと削除」規定など）の改訂、見解が対立する案件については保留し、申請者と関係国による審査前協議などの調整のための新制度の導入、史料の全面公開と審議プロセスの透明化などの改革案を提示して新制度を導入させ、政治的利用を未然に防ぐ。

そのためには五十八か国で構成されるユネスコ執行委員会の総会で、三分の二以上の賛同が必要である。執行委員会は四月と十月に開催されるため、準備を急がねばならない。

官民一体となってこの国難に対処しなければならないときに、国益を損ねるプロパガンダ報道をする日本のメディアこそが問題である。二〇一五年十一月六日付毎日新聞は「記憶遺産意見書『南京』否定、印象悪く」との見出しで、静岡県立大学の剣持久木教授の「（筆者・髙橋が作成した）意見書は南京大虐殺の存在を否定する学派にくみしている印象を与える。ユダヤ人虐殺を否定するのと同様の印象を世界に与えかねない」というコメントを掲載し、そのために「日本側の対応が後手に回った」としている。

問題なのは、毎日新聞は一面に六段、八面に八段記事で大々的に報じ、「意見書自体が日本に対する印象を悪化させて逆効果」という的外れな憶測を見出しに採用しながら、それを裏づける取材をまったくしていないことである。日本人研究者の憶測を掲載するのは自由であるが、私の意見書が悪印象を与え逆効果となり日本側の対応が後手に回ったというのは、見当違いも甚だしい。ＩＡＣの委員やユネスコ関係者からそのような情報はまったく寄せられていない。

私も外務省もこの悪質なプロパガンダ報道に厳重に抗議したが、このような報道が中国に逆に付け入る隙《すき》を与え、国益を損ねる結果を招いたことを毎日新聞はどう考えているのであろうか。私が意見書で主張したのは、「南京大虐殺」を立証する史料が「真正性」「完全性」などの一般指針や選考基準を満たしていない点であって、中国側に「南京大虐殺」の立証責任を求めるのは当然ではないか。

ところで、自民党は憲法制定過程を含むＧＨＱの占領政策や東京裁判、「南京大虐殺」「従軍慰安婦」問題などについて研究する、安倍首相直属の「歴史を学び未来を考える本部」を、二〇一五年十一月二十九日の立党六十年記念式典の日に設置し、本部長に谷垣禎一幹事長、本部長代理に稲田朋美政調会長、事務総長に中曽根弘文氏、事務局長に棚橋泰文氏が就任した。

同本部設置の趣旨は、「日本が歴史の選択で何を間違えたのか、何が日本の議会制民主主義と政党政治を機能停止に追い込んだのか、そして敗戦により何が変化したのか、占領期間中に得たものと失ったものは何か、占領政策は戦後体制にいかなる影響を与えたのか、などの問題に改めて光を当てることになる。……歴史を学ぶことを通して、日本と世界の進路に責任を持つ政治家が信念と知識を深める意義は、今後の政策議論や政策策定に資する点だけにあるのではない。それは、日本がどのような国を目指し、そのためにいかなる政府が国民から求められているのか、いわば未来を思索する時に立ち返るべき原点を内外から誤解されることなく明らかにする課題も担っている」と説明されている。

このような研究は外国人研究者も含め、第一次史料に基づいて実証的、複眼的に行う必要があり、日本の国際的信用を取り戻す説得力のある対外発信に細心の注意を払わなければならない。中曽根政権下の政府の教育審議会である臨時教育審議会も、まず第二次世界大戦の「失敗の本質」に学ぶところから出発したが、とりわけ情報戦の敗北についての厳しい総括が必要である。「南京大虐殺」史料のユネスコ記憶遺産登録という歴史的敗北の総括も同様の視点から行わなければならない。

ところで、今回の中国がユネスコに提出した申請書には、次のような注目すべき記述がある。

合衆国上院は、二〇一四年一月十六日、二〇一四年合衆国連邦政府予算を可決した。これには「慰安婦」（日本帝国軍隊のための性奴隷）問題の決議も含まれていた。この決議は、日本が第二次世界大戦中、アジア諸国から強制的に「慰安婦」を徴用したことを非難し、日本に歴史的、政治責任を取り、公式な謝罪をするように依頼した。この決議には法的な拘束力はないが、「慰安婦」問題に関して上院が可決した最初の制定法であった。

この前年の米上院決議について日本のメディアはほとんど報道していないが、翌日付の韓国紙・朝鮮日報は、「『秘密作戦』にまんまと一杯食わされた日本」、ハンギョレ新聞は「米上院でも『慰安婦法案』通過」と題して次のように報じている。

米国下院に続き上院でも、米国行政府が日本政府に「慰安婦決議案」を遵守するよう促す内容が含まれた法案を通過させた。……ホンダ議員は「私は米国政府が日本政府に対し、第二次大戦期間強制的に性的奴隷として生きなければならなかった女性たち（慰安婦）の問題を解決することを促せと要求する内容が盛り込まれた二〇一四年度統合歳出法案が通過できたことに対して感謝する。……歳出委員会の選任委員としてこの内容が法案に盛り込まれるように力一杯戦った。……今や日本政府が包括的な謝罪をして、残酷なシステムの下で犠牲になった女性数十万人の怨恨《えんこん》に対し賠償しなければならない時」と話した。

「二〇〇七年の米下院慰安婦決議に注目し、日本政府がこの決議に明記された項目を解決するよう、国務長官の日本への働きかけを求める」という記述が、ホンダ議員によってアメリカの予算法案に「解説書」という形式で紛れ込んだのである。解説書に法的拘束力はないが、韓国紙は日本に謝罪を求める象徴的効果が大きいと報じている。

朝鮮日報によれば、ホンダ議員は当初、同年の下院決議に続く二度目の慰安婦決議の採択をめざしたが、日本大使館の反対によって断念し、その代わりに、規模が大きいため細かい内容が精査されにくい歳出法案をねらったのだという。

日本の油断のために、まさに「『秘密作戦』にまんまと一杯食わされた」のである。しかも、政府もマスコミも国民もその重要性を認識していない盲点を中国がユネスコ記憶遺産の登録申請書において鋭く衝《つ》いていること自体を、日本人は誰も知らないという能天気ぶりなのだ。今回の日本の歴史的敗北はこうした中で必然的に起きたものである。

中国との「歴史戦」「情報戦」に敗北した理由は一体何か。第一の理由は、情報収集と対応の遅れである。二〇〇八年にユネスコ関係者が中国を訪問して、ユネスコ記憶遺産登録申請を奨励し、翌年から中国は準備を開始したが、この情報を日本は知らなかったために対応が遅れた。また、登録の可否の事前審査を行うユネスコ記憶遺産登録小委員会（RSC）が「南京大虐殺」史料に対し「仮登録」という評価をIACに勧告したことが、今回の決定に決定的な影響を与えた。中国はこの小委員会に積極的に働きかけたが、日本は反発を恐れてか働きかけなかったことが致命傷となった。

第二の理由は、二〇一二年五月にアジア太平洋地域ユネスコ記憶遺産委員会（MOWCAP）の委員就任要請を民主党政権下の文部科学省が断ったことである。IACとMOWCAPはアーキビスト（公文書館などの専門職）の人脈で深くつながっており、政治的思惑と記憶遺産軽視の結果、日本は蚊帳の外に置かれたことが、情報収集と対応の遅れにつながった。

第三の理由は、外務省のホームページで公開されている「歴史問題Q＆A」は、「南京事件」の「被害者の具体的な人数については諸説あり、政府としてどれが正しい数かを認定することは困難である」と述べるにとどまっているように、「南京事件」はあったが、ジェノサイド、ホロコーストのような「大虐殺」があったというのはプロパガンダにすぎず、立証されていないという事実に踏み込んだ反論を政府・外務省が避けてきたことである。日本政府は「南京大虐殺」自体は否定していないという印象を各国の関係者に与えた点は否めない。

この総括を踏まえて、「従軍慰安婦」史料の共同申請にいかに対処すべきか。「従軍慰安婦」史料のユネスコ記憶遺産登録の是非をめぐる論争の鍵《かぎ》を握る史料が、蘇智良らの共著『中国人慰安婦——日本帝国の性奴隷からの証言』（オックスフォード大学出版）と田中ユキ（本名は田中利幸）著『日本の慰安婦——第二次世界大戦と米占領下の性奴隷と売春婦』である。

従来の研究では、慰安婦の総数は最大二十万人で、大半は朝鮮人とされてきたが、『中国人慰安婦』によれば、「中国での最近の研究は、中国人女性は日本軍の慰安婦制度の全犠牲者の概算四十万人の約半数に上っていることを示唆している」という。共同申請において、この慰安婦数の食い違いをどのように調整するのかが注目される。

同書によれば、「日韓で始まった慰安婦に対する補償運動に触発されて、慰安婦問題に関する研究が中国において一九九〇年初頭に始まった。これまでの日韓のほとんどの研究者は『日本軍は戦時中、三万人から二十万人の女性を監禁した』と述べたが、蘇智良らの中国人研究者による最近の調査によって、一九三一年の華北の満州地区での日本の軍事占領から一九四五年の日本の敗北までに、約四十万人の女性が強制的に軍の慰安婦にされ、少なくともその半数は中国人であった」という。

蘇智良教授は中国本土から徴用された百二人の慰安婦のケースを記録し、そのうち八十七人の女性は郷土が占領されたとき、「日本軍に直接誘拐され、十人は占領軍の命令に従う地域の中国人協力者により拉致《らち》された」という。同書は「慰安所システムが日本軍の性奴隷施設としての特徴を示している」として、運営機関によって慰安所を分類した田中ユキの三分類を取り上げ、「田中ユキは、日本帝国軍の高級将校が慰安所の設置を命令し、その管轄下にある将校が具体的な計画をし、実行したと概説している」と述べている。その三分類とは、①主要都市に設立された「恒久的」慰安所、②大規模な軍団に付属する「半永久的」慰安所、③戦闘地域に小規模隊によって設置された「暫定的」慰安所である。

この二冊の学問的検証を急がねばならない。世界の信頼を取り戻すための実証的研究と、「歴史修正主義」という烙印《らくいん》を押されないように細心の注意を払った対外発信こそが求められている。

歴史的対立を打開する交響的創造
――包括的視点で事実の提示と確認に徹する

中韓の反日国際宣伝戦略に対抗する広報戦略を構築する自民党の「国際情報検討委員会」は二〇一四年六月、次のような中間とりまとめを安倍総理に提出した。極めて注目される内容であるにもかかわらず、マスコミは一切報じていないので、紹介しておきたい。

「国際情報戦略――『攻めの情報発信』へ」

〈攻める情報発信〉

今日の情報戦の現状を踏まえ、積極的に「攻める情報発信」を展開することが必要である。

・国内外における情報発信をより戦略的、組織的に行うには、中国、韓国を中心とした他国の情報戦略についての情報収集、分析を強化する。

・わが国の政策、主張を国際社会に広めるには、日本外交に関する論文、記述等の外国語（主として英語）による情報発信を強化することが必要であり、そのための翻訳活動を拡充する。

・情報発信の拠点たる在外公館、施設の機能を質量とも拡充する。

・全世界の日本語教育拠点を拡充する。

・米国をはじめとする議員との交流の強化、若手交流を含む招聘《しょうへい》プログラムの充実を図る。

・大学、教育機関での日本研究を支援強化する。

・わが国への理解者を増やすために外国の議会、経済界、知識人、市民活動への積極的な働きかけが必要である。いわゆるロビー活動的なものも必要。

・メディア、放送、新聞、ネットなどへの積極的な働きかけ。

・日本人社会（コミュニティ）との連携強化を図る。日系人、留学経験者、在日米軍経験者の同窓会やネットワーク化。

・日本が得意とするクールジャパン、ＯＤＡ、文化交流などの分野において特に発信力を強化する。

〈具体的政策〉

・日本国際問題研究所をはじめとする外交・安保シンクタンクを抜本的に強化し、これらの組織の成果を外国語に翻訳し迅速かつ広汎《こうはん》に発信する。

・世界のオピニオンリーダーが一堂に会し、日本の主張、政策を正確かつ積極的に発信するダボス会議型「国際シンポジウム」を日本で定期的に開催する（例えば二年毎）。情報戦においては自らの土壌に引き寄せることが必須である。
・ＮＨＫの在外日本人向け国際放送に英語の字幕をつけて、外国人にも情報発信をする。
・新型の国際放送の設立を検討する。わが国の国際放送は他国に比べて大きく遅れを取っている。従来のＮＨＫワールド等の枠内では報道の自由など基本的な制約が多いため、今日の事態に十分対応できない。まったく新しい発想が必要である。

〈予算措置など〉

政府は今日まで「広報予算」の拡充に努めてきたところであるが、これらの「情報戦略」は「広報」を超えたものであり、以上すべての政策項目については抜本的な強化が必要である。さらに民間資金も出しやすい税制なども検討すべし。

同委員会での各省庁の報告には自己正当化が目立ち、真摯《しんし》な総括と反省が欠落していた。列記された施策がなぜこれまでに講じられなかったのか、総括すべきである。その上で首相の強力なリーダーシップのもと直属の対策本部を設置し、国際社会の誤解を払拭《ふっしょく》し、日本の名誉を守るべきだと考える。

二〇一五年末の慰安婦問題の日韓合意については、二〇一六年一月七日のニッポン放送ラジオ番組「ザ・ボイス」のニュース解説「慰安婦問題日韓合意について」と、一月九日の緊急生放送番組「胸いっぱいサミット！」(関西テレビ)で、青山繁晴独立総合研究所代表が安倍首相や複数の政府高官と直接話したとして驚くべきエピソードを紹介している。

韓国政府は当初「国費で三億円」を要求したが、安倍首相は断り、要求額が一億円に下がっても断ったという。そこでオバマ米大統領が朴大統領に直接「いい加減にしろ」と言ったことに対し、朴大統領が激怒、突如要求額が二十億円に跳ね上がった。外務省も「朴大統領が焦っているから合わせてあげてください」と言ってきたので、安倍首相は急変し、最終的に十億円で決着したという。

にわかには信じがたいエピソードで、青山氏の解釈と事実が交錯している可能性があり、真偽のほどは定かではないが、いずれにしても国内の相当の反発を承知の上で総理が苦渋の決断をして合意された以上、官民一体となって心を一つにして前向きに協調していかなければ、この外交的成果をぶち壊し、結果的に和解に反対する人々を利し、国益を損ねる恐れもあるのだ。

相互不信、感情的対立が深刻化し、このように複雑にもつれた糸を解きほぐすためには、互いにあからさまな批判は自重し、相互理解を深める粘り強い努力が必要だ。「事実の提示と確認」に徹する姿勢を貫くことこそ大切である。

今回の合意について、保守派は「軍の関与」の言及は、「性奴隷を強制連行した」という事実無根の虚偽を政治的プロパガンダ化する言質に利用される恐れがあることを問題視しているが、日本側は虚偽のプロパガンダには断固として抗議し、そうではないという歴史の事実を提示して確認することを、世界に向かって発信し続けることに徹するべきである。

今回の日韓合意は電撃的に行われたものではなく、周到に準備されたものであった。

中西輝政京都大学名誉教授は、二〇一五年九月十五日付の産経新聞のコラム「正論」において、七月十三日の非公式会合に提出された「二十一世紀構想懇談会」の報告書の原案には、「慰安婦に対する日本政府の一層の謝罪と補償ないし賠償のための新たな基金を日本政府が設けるよう求める趣旨の提言もあった」という、注目すべき事実を明らかにしている。

この提言は六月の非公式会合で提案され、靖国神社のいわゆる「A級戦犯」合祀の推進ないし「代替施設」の建設や、歴史教育や教科書問題について日中韓で恒常的に話し合う場の設置の必要性などの提言も含まれていた。複数の委員らの反対によって最終的には削除されたようであるが、靖国問題と歴史教科書問題が今後どういう形で再登場するかについても注意する必要がある。

同時期に韓国の朴大統領が米紙のインタビューにおいて、日韓合意は最終局面を迎えていると明言していることからも、二〇一五年の早い段階から水面下で周到に外交交渉が行われていたことは明らかだ。

今回の日韓合意はこの「慰安婦に対する日本政府の一層の謝罪と補償ないし賠償のための新たな基金」という提言を受け継いだものである点を見落としてはならない。

前述したように、今回の合意は「最終的かつ不可逆的な解決」を国際社会が見守る中で宣言したことが唯一の大きな外交的成果である。日韓基本条約でもそのことが確認されていたにもかかわらず蒸し返され、韓国は政権が変わるたびにゴールポストを動かしてきた。

また、東京基督教大学（当時）の西岡力教授は、「国と国民の名誉を守るという側面では大きな禍根を残した」「今回、国連などにおける相互批判の自制を約束してしまった結果、国際社会での事実に基づく反論までもができなくなるとすれば、合意は真の問題解決をむしろ妨げることになる」と、今回の日韓合意を厳しく批判している。

最も大事なことは「相互批判」という形ではなく、「相互理解」のため、あくまで第一次史料に基づく「歴史の客観的事実を提示して確認する」という姿勢を貫くことである。

合意された以上、合意を活かすために発想を前向きに転換し、「歴史の事実を提示して確認すること」は「相互批判の自制」とは異なるということを明確にする必要がある。この姿勢を貫くことによって、第三国も納得し、国際世論の支持も得られるようになるからだ。

誰もが納得する客観的な第一次史料を対外的に発信（提示して確認）していくことに徹することによってのみ、「国と国民の名誉」を守り、歴史的対立を打開する「交響的創造」という新たな和解の未来志向の地平を切り拓くことができるのではないだろうか。

「交響的創造」とは、二〇〇七年に開催されたユネスコの「持続発展教育（ESD）」国際会議の基調講演で提起されたものである。同国際会議で採択された「ホリスティックESD宣言」は「伝統文化の創造的継承」「伝統と現代の融合」の大切さを訴えた。このようなホリスティック（包括的）な視点が慰安婦問題の解決にも求められているのだ。

「ホリスティック」の語源は「ホロス（全体）」であり、「ヒール（癒《いや》す）」はその派生語で、元慰安婦の癒しをはじめとする慰安婦問題の「最終的かつ不可逆的な解決」のためには、包括的で複眼的な視点が必要不可欠といえる。

何度も繰り返すが、歴史の「事実の提示と確認」に徹する姿勢を貫くことが重要であり、これまで以上にこの点に徹した対外発信に官民を挙げて取り組む必要がある。

六十五歳を転機に人生をリセットし、淡々と「歴史の事実を提示し確認すること」に残りの人生をかけ、これからは歴史の事実を後世に残すことに集中して、在外文書研究に静かに深く潜行するつもりである。

歴史には光と影の両面がある。この両面を包括的にとらえ、影（負）の歴史に対する真摯な反省によってこそ、わが国の真の名誉を守ることができることを忘れてはならない。なぜなら、日本は今も情報戦に負け続けているからである。

「二十万人」の「性奴隷」を「日本軍が強制連行した」というのは、朝日新聞の「九二年一月強制連行プロパガンダ」と呼ばれる誤報にすぎない。第一次史料によって歴史の真実を世界に発信していく必要がある。

慰安婦の多面性にも注目し、短絡的な感情論は慎まなければならない。そうしなければ、かえって日本の名誉と国益を損ねることになり、その意味で、相互批判から未来志向への転換が時代の要請であることを肝に銘じるときである。保守陣営も排外的な差別発言、ヘイトスピーチを厳重に慎むなど、清水の舞台から飛び降りるほどの決断が求められているのだ。

終章　ユネスコ「世界の記憶」の最新動向に関する一考察

本稿は二〇一七年九月、『歴史認識問題研究』創刊号に掲載された論文である。

一昨年十月、ユネスコの国際諮問委員会（IAC）は「世界の記憶」（記憶遺産の日本語訳改称）の登録手続きや基準を定める「記録遺産保護のための一般指針」および「登録の手引」の見直しを行うことを決定し、各国ユネスコ国内委員会などから意見書が提出された。

そして昨年三月二十五日、レイエスIAC議長のイニシアチブの下に、レビュー・グループによる専門家会合（注1）が決定され、十五項目（注2）の見直しを行う旨の文書をユネスコのホームページ上で公表した。同文書には、改訂された新しいルールは「次回審査」から適用されることが記載された。

同年三月から八月まで、同文書に対するコメントを募集し、各国に意見照会が行われ、九月にレビュー・グループの会合を開催、制度改善案についてIACメンバーに意見照会が行われ、最終案をユネスコ執行委員会に提出。

本年二月二十六・二十七日にIACの下部機関である登録小委員会（RSC）が開催され、三月一〜四日、IAC委員およびレビュー・グループによる専門家会合が開催され、制度改善案が合意され、ＩＡＣが制度見直しに関する進捗報告書を作成し、第二〇一回執行委員会文書として公表された。

第二〇一回ユネスコ執行委員会文書（国際諮問委員会進捗報告書）

同文書によれば、「世界の記憶」プログラム（ＭｏＷ）の主な目的は次の三点である。

（1）世界の過去、現在、未来に関する記録遺産を保存する。
（2）記録遺産への普遍的なアクセスを補助する。
（3）記録遺産の存在と重要性の世界的な認知を高める。

これらの目的を達成するために、ＭｏＷの関心は、「一次史料の保存とアクセスであって、解釈や歴史的論争の解決ではない」。また、「歴史的出来事の解釈に関する論争に関与することでも、一方の側に立つことでもない」と明記されている。

この点を踏まえ、申請プロセスについて、以下の提案が行われた。

（1）申請の募集に関し、ＭｏＷ事務局はウェブサイトにおいて、最低でも四か月の猶予を置いて、締め切りと選考基準を明確にして告知する。申請書の提出の際、ＭｏＷ事務局は、法的、技術的、その他の側面から予備審査を行い、結果を告知する。申請フォームはユネスコの「世界の記憶」ウェブサイトにアップロードされ、登録小委員会（ＲＳＣ）の審査目的で送付される。申請に関する反論、賛成、または選考基準に関する他の情報等のコメントは即座に受け付けられる。ＭｏＷ申請審査の全プロセスは、ユネスコ手続き規定とＭｏＷ倫理規定の両方にのっとって実施される。
（2）ＭｏＷ事務局は受け取ったコメントをＲＳＣに提出する。ＲＳＣはそれらのコメントを勘案し、示唆される状況やノミネートされた書類遺産の背景に関して適切な対処をする。
（3）ＲＳＣは寄せられたすべてのコメントを考慮し、申請の予備審査を行う。その結果を提出者に告知し、提出者は予備的審査結果に反応する機会を与えられる。
（4）ＲＳＣは最終的な審査結果を国際諮問委員会（ＩＡＣ）に提出する前に、提出者からの反応に鑑《かんが》みて審査結果を見直すことができる。
（5）ＩＡＣはＲＳＣの審査結果と共に申請を検証し、最終判断をボコバ事務局長に提出する。

（6）疑義が呈された申請は、交信のための猶予期間が関連団体に与えられる。RSCに提出される前でも、調停の対象となりうる。可能な調停結果として、下記が考えられる。
①共同申請
②申請された書類に反映された事実や出来事に関し、異なる見解を示す意見を含んだ登録への合意
③関連団体間で合意が達成されなかった場合、対話プロセスを繰り返すことが奨励されうる（次回登録申請サイクルが終了するまで対話を継続……申請後最長四年間）。その後、RSCはIACに審査結果を提出し、IACはユネスコ事務局長に対して最終審査結果を提出する。
（7）ボコバ事務局長はIACによる専門的な助言その他の情報に鑑みて最終決定を行う。

さらに、「透明性」について、次のように指摘している。

RSCとIACのメンバーの選出方法について、透明性を高める必要があることが提起された。申請に関する決定、検討会議へのオブザーバーの出席等の問題である。最終決定にかかわる会議のアジェンダやレポートは、公開すべきとの見解が合意された。権

限、審査プロセスのルール、関連団体のメンバーシップの公開も合意された。これらすべての側面は改定された法規に反映されており、手続き規定、ガイドライン、倫理規定などに適切に反映されることになる。

申請案件への予備的勧告と応答――「政治的案件」に対する二重基準

この制度改善案の一部が今年度の「世界の記憶」申請案件の審査に適用され、四月十日付のメールで登録小委員会（RSC）の予備的勧告が事務局から申請者に伝達された。この予備的勧告に対する申請者の応答（反論を含む）は五月八日に締め切られ、各申請者からの応答に基づいて、六月一日に開催されたRSCで再検討したが結論が出ず、継続審議となった。五月四日にユネスコ執行委員会が開催され、制度改善に関するIAC進捗報告書が提出され、執行委員会はIACの作業の進捗を歓迎するとの決議を全会一致で採択した。慰安婦の共同申請に対する審査への影響を懸念してか、韓国は新ルールの適用は次期審査サイクルからであることを主張し、決議阻止に向けて巻き返しを図ったが成功しなかった。

今回「世界の記憶」に登録申請している文書で、政治的申請案件が少なくとも三件ある。八か国・地域の十四団体が申請した「日本軍『慰安婦』の声」文書と、日本の保守系民間団体が申請した「慰安婦と日本軍の規律に関する文書」と、「通州事件・チベット」文書である。「慰安婦と日本軍の規律に関する文書」の申請者は、慰安婦の真実国民運動、なでしこアクション、日本再生研究会、メディア報道研究政策センターであり、「通州・チベット」（「二十世紀中国大陸における政治暴力の記録――チベット、日本」に改称）文書（注3）の申請者は通州事件アーカイブズ設立基金とGyari Bhutukである。

前者は米国立公文書館と日本政府が保有する公文書を申請し、慰安婦制度は日本軍の厳しい規律によって管理された公娼制度であったと主張。後者は通州事件とチベット侵略に関する文書を申請し、申請文書によれば、「この合同申請では、日本国民に対するケースと、チベット国に対するケースを時系列に並べ、東アジアの負の歴史資産として新たな視点を提供する」としている。

後者の申請案件への予備的勧告は、「世界の記憶」事業の基準に合わず「不合格」であった。申請団体が公表した資料によれば、「不合格の理由」は以下の通りであった。

・申請者はドキュメントを特定しておらず、保管機関に関する詳細な特定、歴史、起源、明確さなどが欠如したまま、単に文献に言及しているにすぎない。
・申請者は二つの関係のない出来事を、「東アジアの近代史に新しい視点を示唆する」ことを意図して提案している。しかし、「世界の記憶」事業の目的は、記録遺産の保存と提供である。ユネスコの見解は、平和を建設し、対話と理解を育てるということであり、これに従って「世界の記憶」事業は歴史の審判や解釈は行われないとしている。この点に関して、もし申請の目的が特定の歴史の見方を提示することにあるとすれば、「世界の記憶」事業はその場ではない。さらに、申請の文体は主観的で、ユネスコの加盟国に関する特定された批判を行っている。

ここで注目されるのは、「世界の記憶」事業の目的は「記録遺産の保存と提供」であり、「対話と理解を育てる」ということがユネスコの見解であり、「ユネスコの加盟国に関する特定された批判」は許されないことを明らかにしている点である。

この観点は八か国・地域の十四団体が共同申請した「日本軍『慰安婦』の声」文書の審査にも当然適用されなければならない。また、一昨年に「世界の記憶」に登録された「南京大虐殺」文書は二年たった今日においても公表されておらず、アクセスできない。前述した第二〇一回ユネスコ執行委員会文書は、登録済み記録遺産の保存、アクセス状況のフォローアップ（四年に一回の定期報告）を謳《うた》っており、史料の保存状況やアクセス確保状況を確認できない場合は、登録史料は削除（注4）すべきである。

また、この共同申請文書と日本の団体の「慰安婦と日本軍の規律に関する文書」には同一の文書が含まれているが、軍の関与などについて、まったく相反する説明、主張が行われている。

前述した制度改善案の新ルールに従えば、「政治的濫用から保護する枠組み」に「疑義が呈された申請案件への対応」として提示された次の三つの調停結果の可能性がある。

（1）共同申請
（2）申請案件に記載された事実や出来事に関し、異なる見解を含んだ登録への合意
（3）合意が得られない場合、対話を繰り返し、次期登録申請サイクルが終了するまで対話を継続（申請後最長四年間）

日本の保守系団体と日本政府、八か国・地域の十四団体の共同申請者が対話をしても、（1）の共同申請も（2）の異なる見解を含んだ登録で合意することもできないと思われるので、（3）の選択肢しかなく、次期登録申請サイクルが終了するまで対話を継続するしかない。そこで、「慰安婦と日本軍の規律に関する文書」の申請者は八月二十三日、ユネスコ関係者に対して、「二団体によって申請された同一文書の分類に関する協議要請」の open letterを送付し、協議の場を設定するよう申し入れたが、返答はなかった。

六月二十四日付朝日新聞は「ユネスコ『世界の記憶』『政治案件』一部除外へ」と題して、ユネスコが通州事件など日本関連候補の一部の「政治的案件」を審議対象から外す方針であることが分かったと報じた。その理由は、「世界の記憶」は保存が目的であり、「歴史的な判定や解釈はしない」「政治的党派性を有するとの非難を受けてはならない」からであるという。

同報道によれば、八か国・地域の十四団体の共同申請は問題視しておらず、ユネスコ事務局の対応がダブルスタンダード（二重基準）であることが明らかになった。同共同申請文書には政治運動の記録が多数含まれており、「政治的党派性」を有する「政治的案件」であることは疑う余地がない。にもかかわらず、一方のみを審議対象から外すのは明らかに不公平である。

「政治的案件」を審議対象から外す方針は四月に通告されたが、二月末に開催された登録小委員会（RSC）の審議を踏まえたものと推察される。RSCが「政治的案件」と判断した案件について申請者に通告し、その応答（反論を含む）内容についてRSCが再検討し、国際諮問委員会（IAC）に勧告。それをIACが審査して、ユネスコ事務局長に勧告することになる。

IACへの勧告を決定するRSCがいつ開催されるかは不明であるが、ユネスコ事務局が夏季休暇に入る前か九月初旬に開催される可能性が高い。一昨年の「南京大虐殺」文書の登録は、RSCのIACへの勧告が事実上の決着となってしまった。対応が後手に回ってしまった失敗を繰り返すことは絶対に許されない。

ＲＳＣが近日中に出す結論を注視し、ユネスコ「世界の記憶」事業の趣旨に反する決定が行われた場合には、政治的濫用から「世界の記憶」事業を保護するという普遍的観点から日本政府は直ちに反論し、ＩＡＣの慎重な審査を求める必要がある。また、ＲＳＣが不当な勧告を決定し、前述した open letter の協議要請に対して、誠意ある回答がない場合には、ユネスコへの拠出金凍結を含む厳しい対応策を検討する必要があろう。

ユネスコの「世界の記憶」事業の目的は、記録遺産の一次史料の保存と提供であり、歴史の解釈、審判や歴史的論争の解決ではない。申請の目的が特定の歴史の見方を提示し、ユネスコ加盟国に対する特定された批判にあるとすれば、同事業の趣旨に反する。同事業は加盟国間の友好と相互理解の促進というユネスコ設立の趣旨と目的に資するべきものだからである。

「世界の記憶」登録の手引には、複数の国の複数の機関の協力による共同提案には、ユネスコは国際協力を促進する旨が明記されており、関係国の協力を強く促している。八か国・地域の十四団体は、日本をはじめとする関係各国政府や専門家と情報を共有し、丁寧に対話を行うべきであったにもかかわらず、そうした努力は払われなかった。こうした問題点を踏まえ、政治的濫用から「世界の記憶」を保護するという普遍的観点から、同共同申請文書の登録は先送りすべきである。

共同申請文書の三分類の問題点

ところで、八か国・地域の十四団体の申請文書は、（1）日本軍「慰安婦」の制度に関する公的・私的文書、（2）「慰安婦」に関する文書、（3）「慰安婦」問題解決のための市民団体の活動に関する文書に分類されているが、それぞれの問題点は以下の通りである。

（1）日本軍「慰安婦」の制度に関する公的・私的文書

日本政府が調査し、公開してきた日本政府の公文書が網羅されていないことは、重大な欠陥である。公文書については、日本政府と情報を共有した上で申請すべきであるにもかかわらず、一昨年末の日韓合意に反対する市民団体が申請したために、日本政府に事前に連絡せず、国立公文書館の許可も得ずに一方的に申請したことは問題である。申請者と所蔵先が異なる場合、申請者は所蔵先の事前承認を得る必要がある。

（2）「慰安婦」に関する文書

市民団体が聞き取り調査を行った元慰安婦の口述記録や記録物は客観的に検証されていないものが多い。申請書は「慰安婦の証言は歴史的文書と照合した」と明記しているが、矛盾する証言もあり、信憑《しんぴょう》性に乏しい証言もある。

（3）「慰安婦」問題解決のための市民団体の活動に関する文書

「慰安婦」問題解決のためのアジア女性基金などの活動資料は含まれておらず、日韓合意に反対する反政府運動団体の資料しか申請されていない。「一九九〇年代初頭以来制作された社会運動と支援団体の活動に関する資料は、歴史的価値と真正度に基づいて選択された」と申請書には書かれているが、資料選択が恣意《しい》的で、バランスを欠いている。現在も継続中で歴史的評価が定まっていない市民団体の活動資料は、「世界の記憶」遺産としてふさわしくない。

ユネスコ憲章と米議会調査報告書

次に、ユネスコ憲章の趣旨の視点から問題点を明らかにしたい。ユネスコ憲章の前文には、「戦争は人の心の中で生まれるものであるから、人の心の中に平和の砦《とりで》を築かなければならない」と書かれている。加盟国間の友好、協力、相互理解の促進（36C/Resolution59）がユネスコ設立の本来の趣旨、目的である。

しかし、「平和のシンボル」として、慰安婦像の世界的意義を申請書は強調しているが、実際には、各地で地域社会を分断し、無用の混乱と軋轢《あつれき》をもたらし、在外邦人が原告となった複数の訴訟が起き、友好、協力、相互理解を阻害する「紛争のシンボル」と化している。

具体例を挙げると、「慰安婦は天皇からの贈り物」と書かれたマグロウヒル社の歴史教科書で学んだ高校生（米ニュージャージー州在住）は、級友から「テロリスト」「レイピスト」と呼ばれて唾《つば》をかけられた。韓国人が多い地域の学校で、そうしたいじめについて教師に訴えたが、「事実だから仕方ない」と一蹴《いっしゅう》された（注5）。

慰安婦像・碑への遠足を子供たちは強いられ、碑文に書かれた「慰安婦二十万人」「日本軍の強制連行」「性奴隷」説をすり込まれるが、これらは日本の大手新聞社である朝日新聞社の誤報記事（朝日新聞社も誤報を認め、謝罪した）に基づくもので、いずれも歴史的事実に反するというのが日本政府の公的見解である。

二〇〇七年七月の米下院決議一二一号「慰安婦問題に関する対日非難決議」が同碑文の根拠になっているが、同決議は日本軍の慰安婦制度を「強制軍事売春」と位置づけた上で、「その残酷さと規模において前例を見ないとされるものであるが、集団強姦《ごうかん》、強制中絶、屈従、またやがて身体切除、死や結果的には自殺に至る性暴力を含む、二十世紀における最大の人身売買事件の一つ」であるとして、日本政府に「世界に『慰安婦』として知られるようになった若い女性たちに日本軍が性奴隷制を強制したことに対し、明瞭《めいりょう》かつ曖昧《あいまい》さをとどめない形で公的に認め、謝罪し、歴史的責任を受け入れるべきである」と勧告した。

同決議案は、抗日連合会の支援を受けたマイク・ホンダ議員ら六名の共同提案者によって、同年一月三十一日に米下院外交委員会に提出されたもので、机上には二〇〇六年四月十日付のラリー・ニクシュ調査員がまとめた米議会調査報告書が配布されていた。

同米議会調査局報告書によって、同決議の最大の根拠（the greatest impact）を与えたのは、朝日新聞の一九九二年一月十一日の誤報記事であったことが判明している。

同記事は一面トップで「軍関与示す資料」と大々的に報道されたが、ここで取り上げられた資料は、内地で民間業者が慰安婦募集を行うときに、誘拐まがいのことをしないように統制を強めよという内容であり、朝鮮人慰安婦の強制連行を立証する史料ではなかった。

しかし、朝日新聞は同じ記事の中の用語解説で、「太平洋戦争に入ると、主として朝鮮人女性を挺身隊《ていしんたい》の名で強制連行した。その人数は八万とも二十万ともいわれる」と書いた。そして、翌日付社説で「挺身隊の名で勧誘または強制連行され、中国からアジア、太平洋の各地で兵士などの相手をさせられたといわれる朝鮮人慰安婦」と述べ、事実無根の「九二年一月強制連行プロパガンダ」（注6）を完成させた。

同米議会調査報告書によれば、日本軍の慰安婦制度の根拠として吉田清治証言が取り上げられ、「詳細の暴露は、『私の戦争犯罪・朝鮮人強制連行』という本を書いた元日本軍憲兵の吉田清治によってなされた。吉田は同書で日本軍に対する性のサービスを提供する『慰安婦』として韓国内で千人以上を強制徴用することに自ら加わったことを描写している」と明記している。

また、「日本軍の『慰安婦』制度」というタイトルを付け、吉田清治証言を削除して修正した二〇〇七年四月三日の米議会調査報告書では、下院決議の主な根拠の一つとして、「田中ユキ著『日本の慰安婦』に記載されているアジア諸国出身の二百人近い元慰安婦の証言や四百人以上のオランダ人の証言」を挙げている。同書は第一章で慰安婦制度の由来、第二章で中国などでの慰安婦の調達と性奴隷としての生活について詳述しているが、上海師範大学の蘇智良教授の調査を取り上げ、「日本軍とその協力者は市民の家庭を襲撃して約三百人の女性を拉致《らち》し、そのうちの約百人が慰安婦として働かせるために選ばれた。……『敵性地区』の多くは山西省と河北省にあり、そこでは日本軍が『焦土作戦』という戦略を採用した。中国人はこの残虐行為を『三光作戦』と呼んでいた」と述べ、多くの元慰安婦の証言を紹介している（注7）。

同米議会調査報告書が下院決議のその他の根拠として列挙している史料は、①前述した朝日新聞の誤報記事、②台湾の歴史学教授 Chu Te-Jan によって一九九〇年の終わりに発見された資料、③米国立公文書館所蔵のＯＷＩ（戦時情報局）報告書、④同公文書館所蔵の在韓米人宣教師 Horance H, Underwood による韓国における慰安婦募集に関する報告書（米国政府に提出された）、⑤同公文書館所蔵のＯＳＳ（戦略諜報《ちょうほう》局）報告書（一九四五年五月六日）中国 Kunming の二十三人の韓国人慰安婦へのインタビュー、⑥韓国外務省関係者の一九九二年の報告、韓国における慰安婦組織に関する日本軍資料を引用、⑦一九九四年に公表された日本占領下のオランダ領東インドで強制されたオランダ人売春婦に関する蘭政府資料の研究報告と蘭国立公文書館所蔵文書ＡＳ５２００、⑧河野談話の元になった一九九二年〜一九九三年の日本政府の研究、である。

米下院決議の可決を導いた二〇〇七年四月三日の米議会調査報告書が吉田証言に代わって、一九九二年一月十一日付朝日新聞報道を慰安婦制度の歴史的根拠の筆頭に挙げていることは、同報道が同決議の可決に主要な役割を果たしたことを示しており、注目に値する。この朝日新聞の誤報に基づく慰安婦碑文が紛争を招き、対立を激化させているのである。

さらに、前述した田中ユキについて同米議会調査報告書は次のように述べている。

韓国、中国、台湾、フィリピン、インドネシア、オランダの元慰安婦数百人の証言。これらの証言の多くは、二〇〇二年に出版された田中ユキ著『日本の慰安婦』に書かれていて、四百人以上の女性の証言を引用している。

二〇〇七年四月十三日付しんぶん赤旗は、同報告書が日本軍の「従軍慰安婦」に対する「強制性」の根拠として、田中ユキの著書を挙げていることに注目し、次のように報じている。

米議会調査局の報告書「日本軍の『慰安婦』制度」は、……四百人以上の「慰安婦」の証言にもとづく二〇〇二年出版の田中由紀氏の著書『日本の慰安婦』など九件を列挙。……報告書は「強制」とは「暴力的な行動で無理強いすること」だとして、田中氏の著書で二百人以上の元「慰安婦」が日本軍や憲兵、軍の代理人による暴力的な拘束について述べていると指摘しています。

この「田中由紀」という著者は広島市立大学の田中利幸元教授で、オーストラリア国内で記事を書く場合には「赤坂まさみ」の名前も使用しているようである。

ところで、この米議会調査報告書が出た二〇〇七年四月に、米政府の各省庁作業班（ＩＷＧ）が八年間、三千万ドルを費やして八五〇万頁に及ぶ機密資料を調査し、ナチスドイツと日本の戦争犯罪の立証を試みたが、日本軍が慰安婦を強制連行したことを示す文書は皆無であったことを報告書で明らかにした。同報告書の前文には、「大変申し訳ないことであるが、私たちは日本の戦争犯罪については何も見出すことができなかった」という異例のお詫びの文章が記載されていることは極めて注目される。また、議会調査委員会の議事録には、「どうしよう。何もない。困ったもんだ。彼らに何と言って説明すればいいのだ」という、この調査のために巨額の資金を提供した抗日連合会への懸念があからさまに表明されている。このＩＷＧ報告書と米下院決議および米議会調査報告書との関係は不明であるが、同時期に行われたものであるので、何らかの影響関係があると思われるが、今後の研究課題である。

なお、日本政府は国連で三回、朝日新聞の誤報の国際的影響について指摘し、昨年二月のジュネーブでの杉山審議官（現外務次官）の同発言（注８）は外務省のホームページで公開している。

共同申請文書の具体的問題点

関係国、関係者が重大な懸念を有する潜在的議論のある機微な案件や、申請書の内容などに合意の得られていない案件については、関係者間の対話や相互理解が必要不可欠であり、「日本軍『慰安婦』の声」文書はこの案件に該当する。同共同申請文書では、学術的な評価にいまだ一致点が見られないさまざまな論点に関して、一部の団体の独自の立場に基づく一方的な主張がなされている。そのような意味で偏った歴史見解を有する団体による本件申請の背景には、特定の政治的な思惑がある可能性が高い。また、申請対象文書についても、当該思惑に合致する文書のみが恣意的に選定されているとの批判を免れないと考える。具体的な問題点を例示すれば、以下の通りである。

（1）本件申請書には、「性奴隷」という表現が繰り返し使用されているのに加え、「八万人から二十万人が強制的に隷属させられた」等の記述が見られる。

他方、これらの点について、日本政府は以下の見解を有している。

①慰安婦が「性奴隷」であるとの表現は事実に反し不適切である。

②日本政府は、一九九〇年代初頭以降、事実関係に関する本格的な調査を行った。右調査とは、関係省庁における関連文書の調査、米国立公文書館等での文献調査、さらには軍関係者や慰安所経営者等各方面への聞き取り調査や挺対協（韓国挺身隊問題対策協議会）の証言集の分析等である。当該調査を通じて得られた、日本政府が発見した資料の中には、軍や官憲によるいわゆる「強制連行」は確認できなかった。

③慰安婦総数の確定は困難であり、「二十万人」というのは具体的裏づけがない数字である。

また、本年八月、韓国ソウル大学の李栄薫教授は、慰安所は事実上の公娼制として運営されていたこと、「強制連行」という主張は大部分が口頭記録で、客観的資料としての信憑性が貧弱であること、慰安婦性奴隷説について再検討がなされる必要があること、朝鮮人慰安婦二十万人説も根拠がなく、最大五千人程度と見るのが合理的であること等につき指摘している（注9）。

（2）申請書の要旨の冒頭に明記されている「慰安婦とは一九三一年から一九四五年にかけて日本軍によって性奴隷を強制された婦女子を指す婉曲《えんきょく》表現である」という慰安婦の定義は不適切である。ベトナム戦争時の性暴力や朝鮮戦争時の韓国軍慰安婦などは不問に付し、「日本軍慰安婦」を特別視し、その徴募方法について具体的証拠を示さず、「性的奉仕を強制された」「強制的に奴隷にされた」などと強制性を強調し、慰安婦と性奴隷を同一視していることは歴史的事実に反する。

「性奴隷を強制」したというのは、日米両政府の公式見解・報告に反する。米政府が八年の歳月と三十億円をかけ、CIA、FBI等の各省庁作業班が機密情報を機密解除して調査したが、慰安婦の強制連行や性奴隷化を裏づける米政府・軍の文書は皆無であった。

（3）申請書は、「慰安婦制度」を「ホロコースト」に匹敵する戦時の悲劇である旨を主張している。この点に関し、あるユダヤ系団体は、そのような表現は「ホロコースト」の意味をねじ曲げているとした上で、ユネスコ設立本来の趣旨に回帰することの必要性を訴えている（注10）。

（4）本件の共同申請者は、「慰安婦」問題解決のための市民団体の活動に関する文書を登録申請しているが、例えば、「慰安婦」問題解決のために日本政府と日本国民が資金協力等をして設立したアジア女性基金の活動にかかわる資料は申請資料には含まれておらず、申請書にも記述が見られない。右は、本件共同申請者による資料の選択が恣意的でバランスを欠いていることを示している（注11）。

（5）慰安婦問題に類似するものは、第二次大戦中または戦後に他の国においても存在していたとされているにもかかわらず、本件申請は、ことさら日本に関する慰安婦問題をプレイアップしようとしている。

（6）本件申請は、日韓両国政府それぞれが二〇一五年十二月の日韓合意を誠実に実施している中で行われた。すなわち、二〇一五年十二月、両政府は、多大な外交努力を払って、慰安婦問題が最終的かつ不可逆的に解決されることを確認した。この合意を受け、現在韓国の財団は、日本政府の予算をもって、すべての元慰安婦の方々の名誉と尊厳の回復、心の癒《いや》しのための事業を行っている。このような中、本件の共同申請者は、日韓合意を批判する立場を明らかにしている。

また、本件申請は、「平和のシンボル」としての慰安婦像の世界的意義を強調しているが、実際には、慰安婦像の設置を含め、慰安婦問題を政治的な意図をもってプレイアップしようとする種々の動きによって、地域社会におけるさまざまなコミュニティの平穏な共生が妨げられる事例が生じている。日韓合意への批判と平穏な共生への妨害の観点から問題がある。

以上により、本件申請は、加盟国の政府や国民の間の関係に大きな負の影響を及ぼす恐れがある、非常に機微な案件であるといわざるをえない。本件申請は、ユネスコの政治化を招きかねず、加盟国の友好と相互理解の促進というユネスコ設立の本来の趣旨と目的に反するものである。

共同申請の技術的問題点

第一に、「世界の記憶」の一般指針では、登録選考基準の一つとしての真正性（四・二・三）や法の支配（二・五・四）について規定されている。したがって、申請資料の真正性が然るべく担保されているのか、所有権や著作権の問題が解決されているのかについて、精査する必要がある。前回中国が申請した資料の中には、上海の「楊家宅《ようかたく》慰安所」の写真がある。中国は、「写真の現物と著作権は、中国にある」と主張している。他方、この写真は、福岡市在住の産婦人科医、天児都《あまこくに》さんの父である麻生徹男《あそうてつお》氏が同慰安所で軍医として勤務していた折に撮影したものであり、天児都さんは東京都内で記者会見を行い、「父（徹男氏）が撮影した写真が、無断で『世界の記憶』に登録申請されている」と抗議している。また、今般の申請資料の中に、下関慰安婦訴訟のような上級審で否定された下級審判決資料が含まれているとすれば、このような文書が登録に値する資料かどうか十分慎重に検討されるべきである。ついては、①個別かつ具体的な申請資料の開示、②複数の第三者専門家による検証および現地調査の実施を要請したい。

第二に、「世界の記憶」の一般指針では、資料の完全性（integrity）（二・五・二）について規定されている。他方、それ自体が一件綴《つづ》りの中から部分的に抽出されている可能性のあるものも存在する。この点も含め、個々の資料の完全性が満たされているのかについて、慎重に精査する必要がある。

第三に、オーラルヒストリー、特に戦後四十年以上経過した九〇年代以降に記録された口頭証言という形態が「世界の記憶」としてふさわしいものなのかについては、ＩＡＣ（国際諮問委員会）およびＲＳＣ（登録小委員会）として、証言の対象となっている事象の真正性の確認が困難である等の論点も踏まえ、慎重に検討を行うべきではないかと考える。

仮に、一般論として、オーラルヒストリーという形態が「世界の記憶」の要件を満たしうるとしても、本件共同申請者が各オーラルヒストリーの真正性は検証済と主張しているものの、元慰安婦／元日本兵の証言者の証言内容は時期により変遷している、との研究もあることに留意する必要がある。

また、一般指針二・六・二においては、絵画や手工芸品等の non-reproducible（再現不可能）なものは記録遺産に含まれず、また定義の一要素として the product of a deliberate documenting process（意図的な文書化プロセスの産物）である旨規定されている。かかる規定に照らして、元慰安婦の絵画や手工芸品等の申請対象資料が「世界の記憶」としての要件を満たすのかについても、慎重な検討を要する。

第四に、「世界の記憶」事業の倫理規定において、ＩＡＣおよびＲＳＣ委員は、特定の申請について個人的支援をするような言動は差し控えることが求められている。したがって、審査する委員は、申請者との接触について慎重であることが求められる。他方、本件申請には、一部の委員が共同申請者に加担していた疑いが持たれている。仮に右が事実であれば、本件プロセスに重大な瑕疵《かし》があったといわざるをえない。ユネスコ事務局および関連委員は、厳正中立の立場から、審査にあたる必要がある。

以上の理由により、本件申請は、非常に機微な案件であり、加盟国の友好と相互理解の促進というユネスコ設立の本来の趣旨と目的に反するものといわざるをえない。また、本件申請が「世界の記憶」事業の関連規定が定める基準を満たしているかにつき、慎重な検討を要することを含め、さまざまな技術的な問題を内包している。したがって、本件申請をユネスコ「世界の記憶」としての登録することは、見送られるべきである。

注

（1）構成員は、フリッカーIAC副議長（豪）、ラッセル元IAC議長（RSC委員、豪）、カミンス元IAC議長（元ユネスコ執行委員長、バルバドス）、スプリンガーRSC委員（バルバドス）、エドモンドソンRSC委員（豪）

（2）①事業のビジョン、使命、目的、②目的を示している程度、③登録基準の妥当性、④登録手続きと基準の調和、⑤健全な運営基盤の提供、⑥指名形式の改善、⑦国際諮問委員会、登録小委員会の手続き・決定・勧告の透明性の導入、⑧明確な追加要素の確認、⑨ユネスコの他の事業や条約との関連性の改善、⑩登録小委員会と他の小委員会の役割、機能、協力の再考、⑪申請書の文言の客観性、内容の適切性、申請意図の中立性に関する基準の設定、⑫潜在的議論のある申請と登録に関する機微な案件の取扱い、⑬利益抗争、陳情活動、誘導に関する倫理的議定書、⑭マーケティングと「世界の記憶」ロゴの使用、⑮地域社会との事業契約（拙稿「米議会決議の根拠とされた『田中ユキ』氏の著書」後述、参照）

（3）藤岡信勝・三浦小太郎編著『通州事件　日本人はなぜ虐殺されたのか』勉誠出版、平成二十九年、参照
（4）記録遺産保護のための一般指針四・八（リストからの削除）
記録遺産は、劣化したりその完全性が損なわれたりしてその登録の根拠となった選考基準に適合しなくなった場合、リストから削除されることがある。新たな情報によって登録の再評価が行われ、非適格性が証明された場合も削除の根拠となりうる（四・八・一）。

見直しのプロセスは、事務局に対し書面で懸念を表明することによって、誰もが（ＩＡＣ自身を含む）開始することができる。問題は登録小委員会に付託され、調査と報告が行われる。懸念が裏づけられた場合、事務局は原申請者（連絡が取れない場合は他の適切な機関）に連絡を取ってコメントを求める。登録小委員会は、次にそうしたコメントおよびそれまでに集められた追加データの評価を行い、ＩＡＣに対し、削除または登録維持、または何らかの是正措置を勧告する。ＩＡＣが削除を決定した場合は、コメントを寄せた機関に通知される（四・八・二）。
（5）拙稿「総領事、なぜ子女を助けてくれないのですか」（『WiLL』平成二十八年十一月号）参照
（6）朝日新聞「慰安婦報道」に対する独立検証委員会報告書（平成二十七年二月十九日）日本政策研究センター、参照
（7）拙稿「米議会決議の根拠とされた『田中ユキ』氏の著書」（藤岡信勝編『国連が世界に広めた「慰安婦＝性奴隷」の嘘――ジュネーブ国連派遣団報告』平成二十八年、自由社、一〇六～一二三頁）参照
（8）拙稿「ユネスコ記憶遺産登録と女子差別撤廃委員会への政府報告に関する一考察」（明星大学大学院教育学研究科年報第一号、平成二十八年三月、一～一六頁）参照
（9）西岡力「ソウル大学教授が『慰安婦性奴隷説』を全否定」（月刊『Hanada』セレクション『絶望の韓

国、悲劇の朴槿恵』二七二〜二八五頁）参照

（10）カナダ・イスラエル友好協会からユネスコ「世界の記憶」事務局への意見書（日本語と英語、二〇一六年十月三十日付）

（11）拙稿「やっぱりヒドい世界記憶遺産の申請文書」（『正論』平成二十八年十月号）参照

〈主要引用参考文献〉

1 江藤淳『閉された言語空間――占領軍の検閲と戦後日本』文春文庫、一九九四年
2 ジェフリー・ゴーラー著、福井七子訳『日本人の性格構造とプロパガンダ』ミネルヴァ書房、二〇一一年
3 ボナー・フェラーズ「日本兵の心理」米陸軍指揮幕僚大学卒業論文、一九四四年に軍内部で出版され、日本兵を知り心理作戦を行うためのテキストになった。
4 連合国軍総司令部編『日本占領の使命と成果』板垣書店、一九五〇年
5 大森恵子抄訳・解説『高校生が読んでいる「武士道」』角川書店、二〇一一年
6 サミュエル・ハンチントン『文明の衝突』鈴木主税編注、集英社、一九九八年
7 マーリン・メイヨー・オーラル・ヒストリーズ (Marliene J, Mayo Oral Histories) 米メリーランド州立大学マッケルディン図書館ゴードン・W・プランゲ文庫所蔵
8 Mayo Marliene J, "Planning for Education and Re-education of Defeated Japan, 1943-45. "The Occupation of Japan: Educational and Social Reform" 1982. マッカーサー記念館で開催された日本占領シンポジウムで発表した論文。筆者も同シンポに参加
9 土屋由香・吉見俊哉編『占領する眼・占領する声――CIE/USIS映画とVOAラジオ』東京大学出版会、二〇一二年
10 岡﨑匡史『日本占領と宗教改革』学術出版会、二〇一二年
11 拙稿「『終戦のエンペラー』主人公の光と影」産経新聞、二〇一三年八月二十四日付「解答乱麻」
12 西鋭夫『國破れてマッカーサー』中央公論社、一九九八年
13 新渡戸稲造『日本――その問題と発展の諸局面』(『新渡戸稲造全集』一八巻、同全集の一四巻 "Japan

Some Phases of her Problems and Development.”の翻訳、佐藤全弘訳
14 御厨貴・小塩和人『忘れられた日米関係——ヘレン・ミアーズの問い』ちくま新書、一九九六年
15 柳田國男「尋常人の人生観」『民族学研究』第一四巻第四号所収、一九五〇年
16 鶴見和子「『菊と刀』——アメリカ人のみた日本的道徳観」『思想』一九四七年三月号
17 川島武宜「評価と批判」『民族学研究』第一四巻第四号所収、一九五〇年
18 南博「社会心理学の立場から」同
19 有賀喜左衛門「日本社会構造における階層制の問題」同
20 和辻哲郎「科学的価値に対する疑問」同
21 ルース・ベネディクト著、福井七子訳『日本人の行動パターン』NHK出版、一九九七年
22 ヘレン・ミアーズ著、伊藤延司訳『抄訳版　アメリカの鏡・日本』角川書店、二〇〇五年
23 ジョン・エンブリー著、植村元覚訳『日本の村——須恵村』日本経済評論社、二〇〇五年
24 ヘレン・ミアーズ著、原百代訳『アメリカの反省』文藝春秋新社、一九五三年
25 ジョン・ダワー著、猿谷要監修、斎藤元一訳『人種偏見——太平洋戦争に見る日米摩擦の底流』TBSブリタニカ、一九八七年
26 エリザベス・ヴァイニング著、秦剛平・秦和子訳『天皇とわたし』山本書店、一九八九年
27 A・J・マロー著、望月衛・宇津木保訳『クルト・レヴィン——その生涯と業績』誠信書房、一九七二年
28 ジョン・コールマン著、太田龍監訳『タヴィストック洗脳研究所——情報操作・世論誘導・社会変革、心理をあやつる「見えない政府」』成甲書房、二〇〇六年
29 デレク・フリーマン著、木村洋二訳『マーガレット・ミードとサモア』みすず書房、一九九五年

30 マーガレット・ミード著、畑中幸子・山本真鳥訳『サモアの思春期』蒼樹書房、一九七六年
31 ドナルド・ブラウン著、鈴木光太郎・中村潔訳『ヒューマン・ユニヴァーサルズ――文化相対主義から普遍性の認識へ』新曜社、二〇〇二年
32 神名龍子『ミードの幻想（ニューギニア編）』（ＥＯＮ／Ｗ復刻版）二〇〇二年
33 ベアテ・シロタ・ゴードン他『ベアテと語る「女性の幸福」と憲法』晶文社、二〇〇六年
34 Harold Dwight Lasswell “Psychopathology and Politics”, University of Chicago Press, 1930
35 M・スプロール『プロパガンダと民主主義』ケンブリッジ大学出版、一九九七年
36 杉本鉞子著、大岩美代訳『武士の娘』ちくま文庫、一九九四年
37 Etsu Inagaki Sugimoto “A Daughter of the Samurai” Tuttle Publishing, 1974
38 杉本鉞子『卓越した自伝の本』ダブルデー・ドーラン社、一九三四年
39 同『農夫の娘』同、一九三五年
40 平川節子「アメリカと日本における杉本鉞子の『武士の娘』」『比較文学研究』六三号、東大比較文学会、一九九三年
41 Nazi War Crimes and Japanese Imperial Government Records Interagency Working Group Report. 2007
42 徳留絹枝「(海外レポート) 米国人捕虜の物語が日本人に問いかけるもの」『潮』二〇一二年九月号
43 Yuki Tanaka “Japan's Comfort Women: Sexual Slavery and Prostitution durig World War II and the US Occupation” (with Foreword by Susan Brownmiller) (London:Routledge) 2002
44 Yuki Tanaka “Hidden Horrors: Japanese War Crimes in World War II” (with a Foreword by

John Dower) published by Westview Press (Boulder, USA) 1996
45 田中利幸『知られざる戦争犯罪――日本軍はオーストラリア人に何をしたか』大月書店、一九九三年
46 吉見義明『従軍慰安婦資料集』大月書店、一九九二年
47 関野通夫『日本人を狂わせた洗脳工作――いまなお続く占領軍の心理作戦』自由社、二〇一五年
48 東中野修道編訳「資料　ブラッドフォード・スミスの『レイプ・オブ・南京』」『亜細亜法学』第四九巻第二号、二〇一五年
49 ブラッドフォード・スミス著、岡本成蹊訳『武器はうるはし』文章社、一九四九年
50 同著、梶田一郎他訳『アメリカの文化と国民性』北星堂書店、一九七〇年
51 天児都・麻生徹男著『慰安婦と医療の係わりについて』梓書院、二〇一〇年
52 Peipei Qiu /Su Zhiliang/Chen Lifei "Chinese Comfort Women : Testimonies from Imperial Japan's Sex Slaves" (Oxford Oral History Series) 2014
53 北村稔『「南京事件」の探究――その実像をもとめて』文春新書、二〇〇一年
54 Larry Niksch "Congressional Report Services Memorandum Japanese Military's Comfort Women" April 10, 2006
55 田中利幸編『戦争犯罪の構造――日本軍はなぜ民間人を殺したのか』大月書店、二〇〇七年
56 拙稿「GHQによる占領政策」『敗戦後遺症を乗り越えて』扶桑社、二〇一五年
57 同「戦後五十年に現われたマッカーサーに封印された本」『新潮45』一九九五年十月号
58 拙著『検証・戦後教育――日本人も知らなかった戦後五十年の原点』モラロジー研究所、一九九五年
59 同『歴史教育はこれでよいのか』東洋経済新報社、一九九七年

60 同『歴史の喪失――日本人は自らの歴史教育を取り戻せるのか』総合法令出版、一九九七年

61 同『日本が二度と立ち上がれないようにアメリカが占領期に行ったこと』致知出版社、二〇一四年

62 同『「日本を解体する」戦争プロパガンダの現在――ＷＧＩＰの源流を探る』宝島社、二〇一六年

63 岩澤知子「『日本文化論』を通して考える異文化理解の困難と可能性――『菊と刀』と『アメリカの鏡・日本』の比較分析」麗澤大学『比較文明研究』第一七号、二〇一二年

64 David H. Price, Anthropological Intelligence: The Deployment and Neglect of American Anthropology in the Second World War, Duke University Press, 2008

65 David H. Price, Threatening Anthropology: McCarthyism and the FBI's Surveillance of Activist Anthropologists, Duke University Press, 2004

66 John M. Maki（University of Washington）"Book Review: Mirror for Americans: Japan by Helen Mears," Far Eastern Survey Vol.18, No.9（May, 1949）

67 Richard W. Leopold（Northwestern University）"Book Review: Mirror for Americans: Japan by Helen Mears," The Mississippi Valley Historical Review, Vol.35, No.4（March, 1949）

68 John Morris（London）"Book Review: Mirror for Americans: Japan by Helen Mears," Pacific Affairs, Vol.22, No.2（June, 1949）

69 Earl Swisher（University Colorado）"Book Review: Mirror for Americans: Japan by Helen Mears," The Pacific Historical Review, Vol.18, No.1（February, 1949）

70 John F. Embree（University of Massachusetts）"Book Review: Mirror for Americans: Japan by Helen Mears," American Sociological Review, Vol.14, No.3（June, 1949）

高橋 史朗（たかはし・しろう）
昭和 25 年（1950）、兵庫県に生まれる。早稲田大学大学院修了後、米国スタンフォード大学フーバー研究所客員研究員、明星大学教授、臨時教育審議会専門委員（政府委嘱）、国際学校研究委員会委員（文部省委嘱）、青少年健全育成調査研究委員会座長（自治省委嘱）、埼玉県教育委員長等を経て、現在、公益財団法人モラロジー研究所教授、麗澤大学大学院特任教授、一般財団法人親学推進協会会長、男女共同参画会議議員（政府委嘱）、日本仏教教育学会・日本家庭教育学会常任理事を務める。著書に『検証・戦後教育』『感性を活かすホリスティック教育』『脳科学から見た日本の伝統的子育て』（以上、モラロジー研究所）、『日本が二度と立ち上がれないようにアメリカが占領期に行ったこと』（致知出版社）等がある。

WGIP（ウォー・ギルト・インフォメーション・プログラム）**と「歴史戦」**
――「日本人の道徳」を取り戻す――

平成 31 年 1 月 10 日　初版第 1 刷発行
令和 2 年 7 月 10 日　第 2 刷発行

著　者　高橋 史朗
発　行　公益財団法人 モラロジー研究所
〒 277-8654 千葉県柏市光ヶ丘 2-1-1
TEL .04-7173-3155（広報出版部）
https://www.moralogy.jp
発　売　学校法人 廣池学園事業部
〒 277-8686 千葉県柏市光ヶ丘 2-1-1
TEL .04-7173-3158
印　刷　シナノ印刷株式会社

ISBN978-4-89639-265-4